간단한
브라질어 / 포르투갈어
발음법! 9
Alfabeto

초간편 기본회화! 13
Best Basic Conversation!

알고 떠나자!
한 눈에 보는 지역학 정보!(브라질/포루트갈편) 34

1. 출발전 준비! 39

- ❶ 항공권의 예약! 42
- ❷ 예약확인/취소/변경 44
- ✚ 항공권 관련 단어 46

contents 02

2. 출국수속! 47

- ❶ 보딩패스! 1.   50
- ❷ 보딩패스! 2.   52
- ✚ 탑승 관련 단어   54

3. 출발! 기내에서 47

- ❶ 기내 입구에서!   58
- ❷ 기내 좌석에서!   60
- ❸ 기내식의 주문!   62
- ❹ 기내에서의 쇼핑!   64
- ❺ 기내에서의 요구!   66
- ❻ 신고서의 작성!   68
- ❼ 경유 / 환승할 때!   70
- ✚ 기내용 관련 단어들!   72
- ✚ 주요 안내 표현!   72
- ✚ 환승 관련 단어들!   74

4. 목적지 도착! 75

- ❶ 입국심사대에서 1.   78
- ❷ 입국심사대에서 2.   80
- ❸ 수하물 찾기!   82
- ❹ 세관심사!   84
- ❺ 공항 여행안내소   86
- ✚ 입국 관련 단어들!   88

Departure

출국수속 따라잡기!

공항에서의 출국수속은 다음과 같이 진행됩니다.

① 공항도착!

② 항공사데스크 체크인!

③ 공항이용권 구입!

④ 환전!

⑤ 비행기 탑승수속!
|세관신고|, |보안검색|, |출국심사|

⑥ 탑승 게이트로 이동!

⑦ 탑승!

5 C.I.Q!
출국장으로 들어가면 ❶ 세관검사, ❷ 보안검색, ❸ 출국심사가 차례로 이어집니다! 계속 앞으로 앞으로!

Step 5

6 탑승게이트로 이동!
탑승권에 표시된 탑승구로 이동합니다. '탑승시간'을 반드시 엄수하여야 합니다!!!

Step 6

✚ **잠깐만요!**
시간적 여유가 있다면 면세점에서 쇼핑을 하셔도 좋겠습니다.

✚ 비행기 출발 30분 전에는 탑승게이트 대기실에 도착해 있어야 합니다!

© Copyright 2004 by Shin Na Ra.

All rights reserved.
No part of this book may be reproduced,
without the written permission of
the copyright owner.

서명 : 주머니 속의 여행 브라질어
펴낸곳 : 도서출판 신나라
펴낸이 : 임종천
지은이 : 임은숙
편집연구 : 김미진, 신영미, 정혜영
개정 2쇄 : 2016. 06. 20

등록일 : 1991년 10월 14일
등록번호 : 제 6-136호
주소 : 경기도 양평군 양동면 매월리 광암길 31번길 30-4
전화 : (031)775-2678
팩스 : (031)775-2679
ISBN : 978-89-7593-088-1

\- \- \- \- \- \- \- \- \- \- \- \-
* 정가는 표지에 표시!

5. 호텔의 이용! 89

❶ 체크인(예약시) 92
❷ 체크인(미예약) 1. 94
❸ 체크인(미예약) 2. 96
❹ 객실의 이용! 98
❺ 룸서비스의 이용 100
❻ 프론트의 이용 1. 102
❼ 프론트의 이용 2. 104
❽ 호텔식당의 이용 106
❾ 체크아웃 108
❿ 유스호스텔 이용 1.110
⓫ 유스호스텔 이용 2. 112
✚ 호텔 관련 단어들! 114
잠깐! 숙소 정보! 116

6. 식당과 요리! 117

❶ 식당의 예약! 120
❷ 식당 미예약시 122
❸ 식사의 주문! 124
❹ 주문의 선택 1. 126
❺ 주문의 선택 2. 128
❻ 식사시의 표현! 130
❼ 식당을 찾을 때! 132
❽ 패스트푸드점 134
❾ 식사비의 계산! 136
✚ 식사 관련 단어들! 138
❿ 주점의 이용! 142
✚ 주점 관련 단어들! 144

contents 04

7. 쇼핑용 회화! 145

❶ 쇼핑하는 법! 1.　148　　❷ 쇼핑하는 법! 2. 150
❸ 물건값을 낼 때!　152　　❹ 백화점 쇼핑!　154
❺ 면세점 쇼핑!　156　　❻ 기념품점 쇼핑! 158
❼ 슈퍼마켓 쇼핑!　160
✚ 쇼핑 관련 단어들! 162

8. 우편, 전화, 은행! 163

❶ 우편물 보내기!　168　　❷ 소포 보내기!　170
❸ 공중전화 걸기!　172　　❹ 전화대화 표현!　174
❺ 국제전화 걸기! 1.　176　　❻ 국제전화 걸기! 2. 178
❼ 호텔에서의 전화!　180
✚ 우편/전화 관련 단어! 182
❽ 은행의 이용!　184　　❾ 잔돈 바꾸기! 186
✚ 은행 관련 단어들!　188

contents

9. 교통수단! 189

① 철도의 이용! 1. **194** ② 철도의 이용! 2. **196**
③ 버스의 이용! 1. **198** ④ 버스의 이용! 2. **200**
⑤ 선박의 이용! **202** ⑥ 지하철의 이용! **204**
⑦ 택시의 이용! **206** ⑧ 렌터카의 이용! **208**
⑨ 주유소의 이용! **210**
✚ 교통수단 관련 단어! **212**

10. 관광하기! 217

① 관광 시작하기! **222** ② 길 물어보기! 1. **224**
③ 길 물어보기! 2. **226** ④ 기념사진 찍기! **228**
✚ 관광 관련 단어! 1. **230**
✚ 관광 관련 단어! 2. **232**

⑤ 공연의 관람! 1. **234** ⑥ 공연의 관람! 2. **236**
⑦ 나이트 클럽! **238** ⑧ 스포츠 즐기기! **240**
✚ 오락 관련 단어! 1. **242**
✚ 오락 관련 단어! 2. **244**

contents
06

11. 사고상황의 대처! 245

- ❶ 분실사고시! 1. **250**
- ❷ 분실사고시! 2. **252**
- ❸ 사고의 신고! **254**
- ❹ 긴급! 간단표현! **256**
- ❺ 병원 치료! **258**
- ❻ 약국의 처방! **260**
- ✚ 사고상황 관련 단어! **262**

12. 귀국 준비! 265

- ● 귀국절차! **260**

[특별 부록]
비지니스 브라질어회화! 270

- ❶ 방문객을 맞을 때! **274**
- ❷ 인사할 때! **276**
- ❸ 회사를 소개할 때! **278**
- ❹ 전화 통화시에! **280**
- ❺ 상담할 때! **282**
- ❻ 계약, 주문을 할 때! **284**

부록: 필수 단어 사전! **286**

간단한 브라질어 / 포르투갈어 발음법!
Alfabeto

브라질어 / 포르투갈어를 처음 접하시는 독자 여러분을 위해 '가장 쉽게 포르투갈어를 발음하실 수 있는 방법'을 소개합니다. 편하고 간단하게 익혀서 실전에 바로 쓰실 수 있습니다! 한국어 발음표기는 편의상 원음에 가장 가까운 음으로 표시하여 외래어표기법과는 거리가 있습니다.
(본 서에서는 포르투갈에서 사용되는 발음보다 브라질 포르투갈어의 발음으로 표기하겠습니다. 포르투갈 포어와 브라질 포어는 영국 영어와 미국영어 정도의 발음 차이가 있습니다.)

간단한 브라질어 발음법!

ALFABETO(아우파베뚜): 포르투갈어의 자모는 23자로 구성됩니다. 23자 가운데 모음자는 A, E, I, O, U 등 5자인데 O나 E의 경우 열린음과 닫힌음 등의 변화가 있지만 음가 그대로 발음하면 됩니다. 자음은 18자이며 영어의 K, W, Y 등은 주로 외래어 표기에 사용됩니다.

포르투갈어 발음의 기본적인 특징!

❶ 포르투갈어는 사전의 발음기호가 없이도 쉽게 발음을 익힐 수 있습니다.
❷ 자음 C가 모음 A, O, U와 만나면 각각 '까, 꼬, 꾸'로 발음되며 E, I와 만나면 '쎄, 씨'로 발음됩니다.
❸ ç는 언제나 '씨'으로 발음합니다.
❹ CH는 모음과 합쳐져 '샤, 쉐, 쉬, 쇼, 슈'로 발음합니다.
❺ 자음 G가 모음 A, O, U와 만나면 각각 '가, 고, 구'로 발음되며 E, I와 만나면 '제, 쥐'로 발음됩니다.
❻ GUE, GUI, QUE, QUI는 '게, 기, 께, 끼'로 발음됩니다.
❼ H는 묵음입니다. 예) Hora(오라)
❽ 브라질에서는 음절 마지막에 오는 L은 '우'로 발음합니다.
❾ NH, LH는 'ㅇ+이, ㄹ+이'로 발음합니다.
예) Minha(밍-야), Filho(필-유)
❿ 어두에 오는 R나 어중의 복합철자 RR는 'ㅎ'으로 발음합니다.
⓫ S는 모음 사이에 위치할 경우 'ㅈ'으로 발음됩니다.

괄호안처럼 발음됩니다!

⑫ X는 어두가 EX로 시작하는 단어에서 바로 뒤에 모음이 오면 'ㅈ'으로 발음됩니다.
⑬ 어미의 Z는 'ㅅ'으로 발음됩니다.
⑭ 음절의 마지막에 오는 AM, AN, EM, EN, IM, IN, OM, ON, UM, UN은 앞 모음을 비음으로 발음합니다.
⑮ 브라질 포르투갈어에서는 D나 T가 발음상 '이'로 나는 모음 앞에서 'ㅈ', 'ㅉ'으로 발음되는 게 특징입니다.
⑯ 이중모음이나 삼중모음의 경우 모음을 연속해서 빨리 발음하는 기분으로 소리내면 됩니다.
⑰ 포르투갈어는 단어 자체에 액센트부호가 있는 경우, 그 음절을 강하게 발음해주며 -i, -u, -l, -r, -z로 끝나는 단어는 마지막 음절에, 그리고 그 외의 단어는 뒤에서 두 번째에 강세를 줍니다. 강세는 편의상 '-'으로 표현했습니다.

A	a	아	[ㅏ]
B	b	베	[ㅂ]
C	c	쎄	[ㅆ, ㄲ]
D	d	데	[ㄷ]
E	e	에	[ㅔ]
F	f	애-피	[ㅍ]
G	g	제	[ㅈ]
H	h	아가-	[묵음]
I	i	이	[ㅣ]
J	j	죠-따	[ㅈ]

"여행회화, 기본의 기본입니다! 미리 준비해 두시면 유용하게 자주 쓸 수 있는 표현들입니다!!!"

괄호 안처럼 발음됩니다!

K	**k**	까	[ㄲ]
L	**l**	앨-리	[ㄹ]
M	**m**	에-미	[ㅁ]
N	**n**	에-니	[ㄴ]
O	**o**	오	[ㅗ, ㅜ]
P	**p**	뻬	[ㅃ]
Q	**q**	께	[ㄲ]
R	**r**	에-히	[ㅎ, ㄹ]
S	**s**	애-씨	[ㅅ, ㅆ, ㅈ]
T	**t**	떼	[ㄸ]
U	**u**	우	[ㅜ]
V	**v**	베	[ㅂ]
W	**w**	다-블류	[ㅂ]
X	**x**	쉬스	[쉬, ㅅ, ㅈ, ㅋㅅ]
Y	**y**	입-실롱	[ㅣ]
Z	**z**	제	[ㅈ, ㅅ]

초간편 기본회화!
Best Basic Conversation!

여행 브라질어 회화!
기본의 기본을 소개합니다.
10가지 기본 상황별로 정리했습니다!

- ❶ 대답하는 법!
- ❷ 인사할 때!
- ❸ 자기소개할 때!
- ❹ 부탁할 때!
- ❺ 감사의 인사!
- ❻ 전화, 약속!
- ❼ 사과를 할 때!
- ❽ 물어볼 때!
- ❾ 날씨와 시간!
- ❿ 긴급할 때!

초간편 기본회화!
Best Basic Conversation!

여행 브라질어 회화!
기본의 기본을 소개합니다.
10가지 기본 상황별로 정리했습니다!

대답할 때 자주
쓰는 표현들을
공부합니다!

예.(네.)
Sim.
씽

아니오.
Não.
너웅

알겠습니다. / 그래요.
Tá bom.
따 봉

알겠습니다.(알았습니다.)
Entendi.
잉 떼지-

초간편 ① 기본회화

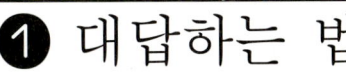

❶ 대답하는 법!

맞습니까?
É isso?
에 이-쑤

맞아요. / 그렇습니다.
É.
에

동의합니다. (사람)
Concordo.
꽁꼬-르두

좋은 생각입니다.
Boa idéia.
보아 이데-이아

가장 많이 쓰는 표현들입니다. 자신있게 "Yes!"

"여행회화, 기본의 기본입니다! 미리 준비해 두시면 유용하게 자주 쓸 수 있는 표현들입니다!!!"

초간편 기본회화!
Best Basic Conversation!

여행 브라질어 회화!
기본의 기본을 소개합니다.
10가지 기본 상황별로 정리했습니다!

다양한 인사법들을 연습해 보겠습니다!

안녕하십니까? (아침인사)
Bom dia.
봉 지아

안녕하십니까? (오후인사)
Boa tarde.
보아 따-르지

안녕하십니까? (저녁인사)
Boa noite.
보아 노-이찌

안녕하세요?
Como vai?
꼬-무 바이

초간편 ② 기본회화

❷ 인사할 때!

안녕?
Tudo bem?
뚜-두 벵

안녕히 계세요. (가세요)
Até logo. / Tchau.
아떼- 로-구 쨔우(챠우)

즐거운 하루 되세요!
Tenha um bom dia.
뗑-야 웅 봉 지아

즐거운 주말 되세요!
Bom fim de semana.
봉 핑 지 쎄마-나

인사할 때는 언제나 웃는 얼굴로 하셔야 해요~!

"여행회화, 기본의 기본입니다! 미리 준비해 두시면 유용하게 자주 쓸 수 있는 표현들입니다!!!"

초간편 기본회화!
Best Basic Conversation!

여행 브라질어 회화!
기본의 기본을 소개합니다.
10가지 기본 상황별로 정리했습니다!

자기를 소개할 때 쓸 수 있는 기본 표현들입니다!!

처음 뵙겠습니다.
Prazer.
쁘라제-르

만나서 반갑습니다.
Prazer em conhecê-lo.
쁘라제-르 잉 꽁예쎌-루

어떻게 지내십니까?
Como está?
꼬-무 이스따-

잘 지냅니다.
Bem. Obrigado/a.
벵 오브리가-두/다

초간편 ③ 기본회화

❸ 자기소개할 때

내 이름은 민수입니다.
Meu nome é Minsu.
메우 노-미 에 민수

저는 한국인입니다.
Sou coreano/a.
쏘우 꼬레아-누/나

저는 학생입니다.
Sou estudante.
쏘우 이스뚜당-찌

당신의 이름은요?
Qual é o seu nome?
꽈우 에 우 쎄우 노-미

이 정도로만 설명해도 당신은 이미 성공입니다!

"여행회화, 기본의 기본입니다! 미리 준비해 두시면 유용하게 자주 쓸 수 있는 표현들입니다!!!"

초간편 기본회화!
Best Basic Conversation!

여행 브라질어 회화!
기본의 기본을 소개합니다.
10가지 기본 상황별로 정리했습니다!

부탁하실 일이 있으면 주저하지 말고 말씀하세요!

저 좀 도와주시겠어요?
Poderia me ajudar?
뽀데리-아 미 아쥬다-르

저를 도와주세요.
Uma ajuda, por favor.
우-마 아쥬-다 뽀르 파보-르

실례합니다. 물어볼 게 있는데요.
Com licença. Uma informação, por favor.
꽁 리 쌩싸 우-마 잉포르마써-옹 뽀르 파보-르

❹ 부탁할 때!

제 부탁 하나만 들어주세요.
Podia me fazer um favor?
뽀지-아 미 파제-르 웅 파보-르

물론이죠.
Claro.
끌라-루

좀더 천천히 얘기해 주십시오.
Mais devagar, por favor.
마이스 지바가-르 뽀르 파보-르

그러죠.
Tá bom.
따 봉

도움이 필요하십니까? 이렇게 말씀하십시오~!

"여행회화, 기본의 기본입니다! 미리 준비해 두시면 유용하게 자주 쓸 수 있는 표현들입니다!!!"

초간편 기본회화!
Best Basic Conversation!

여행 브라질어 회화!
기본의 기본을 소개합니다.
10가지 기본 상황별로 정리했습니다!

도움을 받았다면
반드시 감사의
인사를 전합니다.

감사합니다.
Obrigado/a.
오브리가-두/다

전화해 주셔서 감사합니다.
Obrigado pelo telefonema.
오브리가-두 뻴루 뗄레포네-마

정말 고맙습니다.
Muito obrigado.
무-이뚜 오브리가-두

❺ 감사의 인사!

도와주셔서 감사합니다.
Obrigado pela ajuda.
오브리가-두 뻴라 아쥬-다

아주 많이 도움을 받았어요.
Foi uma grande ajuda.
포이 우-마 그랑-지 아쥬-다

천만에요.
De nada.
지 나-다

천만에요.
Não tem de quê.
너웅 뗑 지 께

감사의 인사, 정중할수록 더욱 좋습니다~!

"여행회화, 기본의 기본입니다! 미리 준비해 두시면 유용하게 자주 쓸 수 있는 표현들입니다!!!"

초간편 기본회화!
Best Basic Conversation!

여행 브라질어 회화!
기본의 기본을 소개합니다.
10가지 기본 상황별로 정리했습니다!

전화를 할 때, 약속을 할 때 쓰는 표현들입니다.

민수 좀 바꿔 주시겠어요?
Posso falar com Minsu?
뽀-쑤 팔라-르 꽁 민수

전 데요.
É ele mesmo.
에 엘-리 메-즈무

누구 신가요?
Quem está falando?
껭 이스따 팔랑-두

전할 말씀 있으세요?
Gostaria de deixar recado?
고스따리-아 지 데이샤-르 헤까-두

초간편 6 기본회화

❻ 전화, 약속!

지금 당신과 이야기할 수 있나요?
Posso falar com você agora?
뽀-쑤 팔라-르 꽁 보쎄- 아고-라

당신은 언제가 가장 적당합니까?
Quando é mais conveniente?
꽝-두 에 마이스 꽁베니엥-찌

이번 주말 시간 있으세요?
Que tal este fim de semana?
끼 따우 에-스찌 핑 지 쎄마-나

괜찮아요.
Tudo bem.
뚜-두 벵

전화로 약속을 정할 때는 메모를 준비하세요~!

"여행회화, 기본의 기본입니다! 미리 준비해 두시면 유용하게 자주 쓸 수 있는 표현들입니다!!!"

초간편 기본회화!
Best Basic Conversation!

여행 브라질어 회화!
기본의 기본을 소개합니다.
10가지 기본 상황별로 정리했습니다!

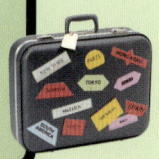

실례, 결례가 되었다면 말씀해 주세요~!

실례합니다.
Com licença.
꽁 리 쌩싸

죄송합니다.
Desculpe.
지스꾸-우뻬

늦어서 죄송합니다.
Desculpe pelo atraso.
지스꾸-우뻬 뻴루 아뜨라-주

❼ 사과를 할 때!

여러 가지로 죄송합니다.
Desculpe por tudo.
지스꾸-우뻬 뽀르 뚜-두

(대화 중) 한 가지 말해도 됩니까?
Posso falar uma coisa?
뽀-쑤 팔라-르 우-마 꼬-이자

좋습니다. 그렇게 하세요.
Tudo bem. Pode.
뚜-두 벵 뽀-지

미안해하실 필요 없습니다.
Não foi nada.
너웅 포이 나-다

실례가 되었다면 표정도 미안스러워야 하겠죠~!

"여행회화, 기본의 기본입니다! 미리 준비해 두시면 유용하게 자주 쓸 수 있는 표현들입니다!!!"

초간편 기본회화!
Best Basic Conversation!

여행 브라질어 회화!
기본의 기본을 소개합니다.
10가지 기본 상황별로 정리했습니다!

궁금한 모든 것을 물어 볼 수 있습니다!

뭐라고 그러셨지요?
Como?
꼬-무

그게 무슨 뜻이죠?
O que quer dizer com isso?
우 끼 께르 디제-르 꽁 이-쑤

좀 크게 말씀해 주시겠어요?
Mais alto, por favor?
마이즈 아-우뚜 뽀르 파보-르

초간편 ❽ 기본회화

❽ 물어볼 때!

철자를 좀 알려주시겠어요?
Poderia soletrar?
뽀데리-아 쏠레뜨라-르

근처에 은행은 어디에 있습니까?
Onde é o banco mais próximo?
옹-지 에 우 방-꾸 마이스 쁘로-씨무

저기 오른쪽입니다.
É ali à direita.
에 알리- 아 지레-이따

길을 잃었어요.
Estou perdido/a.
이스또-우 뻬르지-두/다

잘 모르시겠다구요? 다시 한번 더 물어 보셔요~!

"여행회화, 기본의 기본입니다! 미리 준비해 두시면 유용하게 자주 쓸 수 있는 표현들입니다!!!"

초간편 기본회화!
Best Basic Conversation!

여행 브라질어 회화!
기본의 기본을 소개합니다.
10가지 기본 상황별로 정리했습니다!

날씨와 시간에 대해 이야기 하는 방법들입니다!

오늘 날씨가 어떻습니까?
Como está o tempo hoje?
꼬-무 이스따- 우 뗑-뿌 오-줘

비가 올 것 같습니다.
Parece que vai chover.
빠레-씨 끼 바이 쇼베-르

날씨가 좋군요. 그렇죠?
Bom tempo, não é?
봉 뗑-뿌 너웅 에

지금 몇 시입니까?
Que horas são agora?
끼 오-라스 써웅 아고-라

❾ 날씨와 시간!

12시 30분이에요.
É meio-dia e meia.
에 메이우 지아 이 메이아

오늘은 무슨 요일입니까?
Que dia da semana é hoje?
끼 지아 다 쎄마-다 에 오-쥐

오늘 며칠입니까?
Que dia do mês é hoje?
끼 지아 두 메즈 에 오-쥐

5월 5일입니다.
É cinco de maio.
에 씽-꾸 지 마-이우

요일과 날짜를 물을 때 쓰는 방법도 기억해 둡니다.

"여행회화, 기본의 기본입니다! 미리 준비해 두시면 유용하게 자주 쓸 수 있는 표현들입니다!!!"

초간편 기본회화!
Best Basic Conversation!

여행 브라질어 회화!
기본의 기본을 소개합니다.
10가지 기본 상황별로 정리했습니다!

위급한 경우에 쓸 수 있는 표현들입니다!

앰뷸런스를 좀 불러주세요.
Chame uma ambulância, por favor.
샤-미 우마 앙불랑-씨아 뽀르 파보-르

응급상황입니다.
É uma emergência.
에 우마 이메르젱-씨아

경찰서 좀 대 주세요.
Polícia, por favor.
뽈리-씨아 뽀르 파보-르

발목을 삐었어요.
Torci meu tornozelo.
또르씨- 메우 또르노젤-루

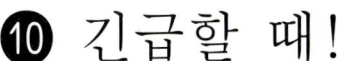

❿ 긴급할 때!

현기증이 납니다.
Estou com vertigem.
이스또-우 꽁 베르찌-젱

팩스가 작동되지 않습니다.
Meu fax não funciona.
메우 팍씨 너웅 풍씨오-나

차가 고장났습니다.
Meu carro quebrou.
메우 까-후 께브로-우

타이어가 펑크났습니다.
O pneu furou.
우 쁘네-우 후로-우

긴급구조 요청을 할 때는 말을 보다 더 또박또박!!

"여행회화, 기본의 기본입니다! 미리 준비해 두시면 유용하게 자주 쓸 수 있는 표현들입니다!!!"

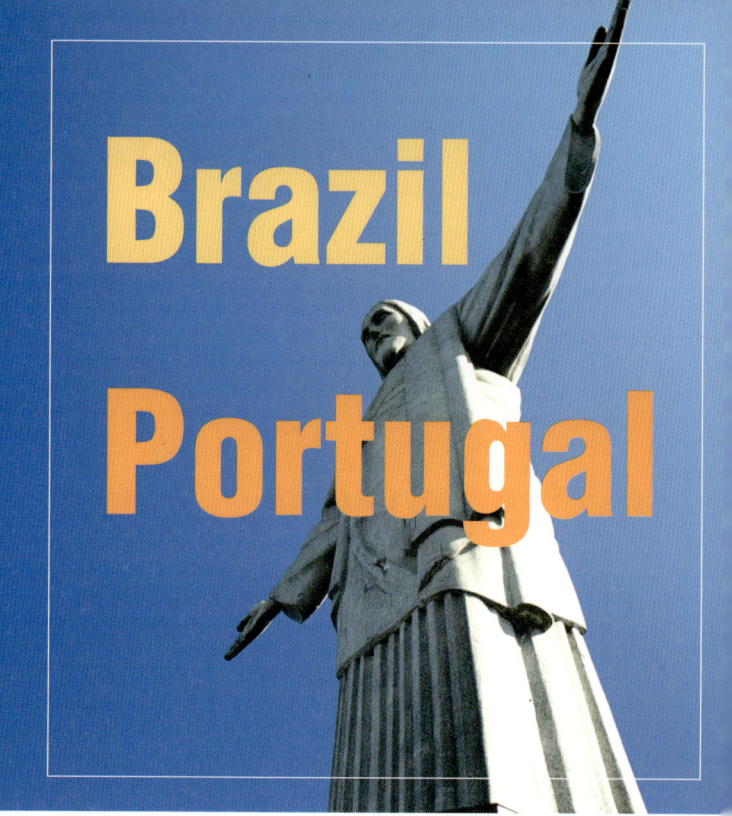

Brazil
Portugal

알고 떠나자!
한 눈에 보는 지역학 정보!

브라질, 포루투갈!

브라질

축구와 삼바 축제의 나라, 브라질. 브라질은 칠레, 에콰도르를 제외한 모든 남미 국가와 접해있고, 남아메리카에서 가장 넓으며 세계에서도 러시아, 캐나다, 중국, 미국에 이어 제 5위의 광활한 영토를 가진 나라입니다. 라틴 아메리카에서는 포르투갈 식민지로부터 발전한 유일한 나라로서 천혜의 아름다운 자연과 풍부한 지하자원 등을 가지고 있어서 앞으로 계속적인 발전 가능성을 잠재하고 있는 나라이기도 합니다. 우리나라와는 1959년에 수교한 이래로 정치, 경제 사회, 문화 등 여러 방면에서 활발한 교류가 이어지고 있습니다.

위치 : 남미 대륙의 중앙에 위치합니다.

면적 : 약 850만 평방km로서 세계에서 다섯 번째로 큰 나라이며, 남미 대륙의 47.3%로 남미에서 가장 큰 나라입니다. 한반도의 약 37배에 해당됩니다.

"여행회화, 기본의 기본입니다! 미리 준비해 두시면 유용하게 자주 쓸 수 있는 표현들입니다!!!"

수도 : 브라질리아

주요 도시 : 상파울로, 살바도르, 리우데자네이루

인구 : 약 1억 7천만명으로 인구의 대부분이 브라질 해안에 근접한 도시권 지역에 모여 있습니다.

인종 : 백인이 55%이고 포르투갈인, 이태리인, 스페인인, 독일인 등의 혼혈 유럽인으로 구성되어 있으며 전반적으로 다혈질적인 성향을 가지고 있습니다.

언어 : 공용어인 포르투갈어를 사용합니다.

화폐 : 레알(REAL)[헤아우]

종교 : 카톨릭이 80%, 기독교가 11%

기후 : 고온 다습한 사막성 기후로서 우리와는 지구 반대편에 위치하고 있어서 계절이 반대입니다. 그러나 국토의 대부분이 적도와 남회귀선 사이에 위치하기 때문에 연평균 기온이 23~24도로 4계절의 구분은 뚜렷하지 않습니다. 기후에 따라 열대 지역, 아열대 지역, 온대 지역으로 나눌 수 있습니다.

시차 : 우리나라보다 12시간 늦습니다.

여행 시기 : 계절이 우리와 반대인 점을 이용해서 더위나 추위를 피해 여행을 가기에 좋은 곳입니다. 또한 2월 초나 3월 초에 리우데자네이루에서 열리는 카니발 축제 기간에 이곳을 방문한다면 세계적인 삼바 축제를 즐길 수 있는 좋은 기회가 될 것입니다.

포루투갈

포르투갈은 인류 역사상 '지리상의 발견 시대'라고 불리우는 15~16세기의 대항해 시대를 이끈 주역이라 할 수 있으며, 우리나라에 온 최초의 서양국가이기도 합니다. 브라질, 마카오, 동티모르, 고아 등 많은 식민지를 가졌던 나라, 포르투갈은 스페인에 의해 몰락하고 다시 군사 독재자인 살라자르의 40년간의 독재 정치를 겪으면서 유럽 국가들 중에서는 비교적 발전을 못한 나라였습니다. 그러나 독재 정권이 무너진 이후로는 저렴한 노동력을 기초로 유럽 내 생산기지로 변모하려는 노력을 기울이고 있으며 또한, 북유럽 국가들 중에서 저렴한 비용으로 즐길 수 있는 여름철 휴양지로도 각광받고 있어서 계속적인 성장세를 거듭하고 있는 나라이기도 합니다. 우리나라와는 1961년에 정식으로 외교관계를 수립하였고, 그후 꾸준히 친밀한 관계를 맺어오고 있습니다.

위치 : 유럽 이베리아 반도의 서단에 위치하며, 동쪽은 스페인과 접해 있고 서쪽은 대서양과 접한 남북으로 긴 나라입니다.

"여행회화, 기본의 기본입니다! 미리 준비해 두시면 유용하게 자주 쓸 수 있는 표현들입니다!!!"

면적 : 약 92,000 평방km로서 한반도의 약 2/5에 해당하는 작은 나라입니다.

수도 : 리스본

주요 도시 : 뽀르뚜(Porto), 꼬잉브라(Coimbra)

인구 : 약 1,070만명

인종 : 이베리아족, 켈트족, 게르만족 및 무어족 등의 혼혈 민족으로서 온순한 성향을 가집니다.

언어 : 공용어는 포르투갈어이지만 포르투갈어와 스페인어는 유사한 점이 많아서, 스페인어를 어느 정도 이해할 수 있으며 필요에 따라 스페인어를 사용하기도 합니다. 그리고 관광지나 호텔, 레스토랑에서는 영어와 불어도 통하는 편입니다.

화폐 : 유로(Euro)

종교 : 전 인구의 97%가 카톨릭입니다.

기후 : 전형적인 해양성 기후로 겨울에는 따뜻하고 여름에는 시원한 기후입니다. 국토의 중앙을 흐르는 떼주(Tejo)강을 경계로 남부는 건조하고 화창한 편이고, 북부는 대서양에서 불어오는 바람의 영향으로 비가 많고 습도가 높은 편입니다.

여행 시기 : 비교적 4계절 모두 관광하기에 좋으나 성수기는 6월 중순에서 9월까지입니다. 북유럽에서 저렴한 비용으로 즐길 수 있는 여름철 휴양지로 선호되고 있습니다.

1. 출발전 준비!

해외여행에 앞서 반드시 준비되어야 할 것들이 있습니다. 우선 기본적으로 갖추어야 할 것으로 ❶ 여권, ❷ 비자, ❸ 각종 증명서 발급, ❹ 항공권, ❺ 환전 및 여행자 보험 가입, ❻ 여행정보수집 등을 들 수 있습니다.

❶ 여권의 준비!

여권의 종류 : 여권은 '대한민국 국민임을 증명하는 증명서'입니다. 외국에서의 안전을 보장해 주는 신분증이기에 가장 중요한 준비물입니다. 여권의 종류는 관용여권과 일반여권으로 나뉘며, 여행자들이 받게되는 일반여권은 유효기간에 따라 복수여권(5년), 단수여권(1년)으로 나뉩니다. 복수여권은 5년간 사용횟수에 제한이 없기 때문에 일반적으로 많이 신청하는 편입니다.

빠르게 찾고 쉽게 말하는 여행회화! 여러분의 여행을 보다 즐겁고 편안하게 만들어 드립니다!!

비자 | 각종 증명서!

여권의 신청 : 여권은 시, 구청 여권과에서 발급하며, 보통 2~3일 소요됩니다. (지방 시, 군청은 7~10일 소요) 여권 신청서류는 ⓐ 여권발급 신청서, ⓑ 주민등록등본 1통, ⓒ 주민등록증이나 운전면허증, ⓓ 여권용 사진 2매, ⓔ 병역서류(국외여행허가서), ⓕ 발급비(복수여권:45,000원, 단수여권:15,000원) 등 입니다.

❷ 비자의 준비!

비자(VISA)는 '입국사증', 즉 '입국을 허락하는 증명서'로서 해당 여행국가의 주한대사관에서 받을 수 있습니다.

브라질과는 사증면제협정체결로 90일간 무비자로 입국이 가능하며, 1회에 한하여 90일 연장이 가능합니다.

포르투갈은 60일 이하 체류 시에는 비자가 필요 없으며, 60일 이상 머물 경우에는 외국인 등록국에 최소 7일 전에 신청하면 60일을 더 머물 수 있습니다.

❸ 각종 증명서!

각종 할인혜택과 더불어 여행을 더욱 편리하게 해주는 각종 증명서들이 있습니다. 미리 준비해 두면 유용하게 쓸 수 있고, 보다 경제적인 여행을 할 수 있습니다.

ⓐ **국제학생증** : 국제학생여행연맹이 발급하는 전세계 어

1. 출발전 준비!

디에서나 통용되는 학생증입니다. 신청서류는 학생증사본, 반명함판 사진 1매, 신청서, 수수료이고, 발급장소는 국제학생여행사(02-733-9494)이며, 발급후 1년간 유효합니다.
http://www.isic.co.kr

ⓑ **유스호스텔회원증** : 여행자를 위한 숙소인 세계 각국의 유스호스텔을 사용할 수 있는 회원증입니다. 신청서류는 회원신청서 1부이며, 발급장소는 한국유스호스텔연맹(02-725-3031)이나 각 지방 유스호스텔 연맹에서 신청 가능합니다.
http://www.kyha.or.kr

✚ 그밖의 여행준비물!

그밖에 필요한 여행준비물들로는 먼저 ⓐ 옷가지(해당지역의 기후에 맞게 2~3벌), 우비 또는 우산, 양말, 속옷(3~4벌)이 필수적이며, 비지니스맨이라면 색상이 다른 와이셔츠와 넥타이 세벌씩은 기본입니다. ⓑ 위생용구(수건, 세면도구, 화장품, 비상약품 - 감기약, 소화제, 정로환, 반창고, 붕대, 물파스)가 필요할 것이며, 그리고 ⓒ 작은 배낭, 전대, 맥가이버칼, 간단한 인스턴트 식품류 2~3일분, 소형 계산기, 카메라, 필름 등을 준비하면 됩니다. 그리고 가능하다면 읽을 만한 책 한권 정도를 함께 준비하면 여행은 훨씬 더 풍성해 질 것입니다.

빠르게 찾고 쉽게 말하는 여행회화! 여러분의 여행을 보다 즐겁고 편안하게 만들어 드립니다!!

① 항공권의 예약!

❶ 바리그 항공사입니다. 말씀하십시오.

❷ 마나우스행 항공편의 예약을 하고 싶습니다.

❸ ~행 항공편을 예약하고 싶습니다.

❹ 언제 떠나실 예정이죠?

❺ 이번 금요일이요.

❻ 금요일 오후에 출발하는 비행기가 있나요?

❼ 왕복 티켓료는 얼마입니까?

❽ 이코노미 클래스(2등석)로 주십시오.

❾ 그 비행편으로 예약 해주세요.

1. 출발전 준비!

❶ Varig, pois não?
바리기 뽀이스 너웅

❷ Gostaria de fazer uma reserva de vôo para Manaus.
고스따리-아 지 파제-르 우-마 헤제-르바 지 보우 빠-라 마나-우스

❸ Gostaria de fazer uma reserva de vôo para ~.
고스따리-아 지 파제-르 우-마 헤제-르바 지 보우 빠-라 ~

❹ Para que dia?
빠-라 끼 지아

❺ Nesta sexta-feira.
네-스따 세-스따 페-이라

❻ Tem vôo na sexta-feira à noite?
뗑 보우 나 쎄-스따 페-이라 아 노-이찌

❼ Quanto é a passagem de ida e volta?
꽝-뚜 에 아 빠싸-젱 지 이-다 이 보-우따

❽ Gostaria de uma na classe econômica.
고스따리-아 지 우-마 나 끌라-씨 이꼬노-미까

❾ Faça uma reserva nesse vôo.
파-싸 우-마 헤제-르바 네-씨 보우

빠르게 찾고 쉽게 말하는 여행회화! 여러분의 여행을 보다 즐겁고 편안하게 만들어 드립니다!!

❷ 예약확인취소변경

❶ 바스삐 항공사입니다. 말씀하십시오.

❷ 항공권 예약 재확인을 하고 싶습니다.

❸ 이 예약을 취소해 주십시오.

❹ 예약을 변경하고 싶습니다.

❺ 성함과 비행기 번호를 말씀해 주시겠습니까?

❻ 제 이름은 김민수입니다.

❼ 저의 항공편 번호는 423입니다.

a companhia aérea
(아 꽁빠니-아 아에-리아) : 항공사
a reserva(아 헤제-르바) : 예약

앗! 단어장!

1. 출발전 준비!

❶ Vasp, pois não?
바-스삐 뽀이스 너웅

❷ Gostaria de confirmar a reserva do vôo.
고스따리-아 지 꽁피르마-르 아 헤제-르바 두 보우

❸ Pode cancelar esta reserva, por favor.
뽀-지 깡쎌라-르 에-스따 헤제-르바 뽀르 파보-르

❹ Quero mudar a minha reserva.
께-루 무다-르 아 밍-야 헤제-르바

❺ Seu nome e o número do vôo, por favor.
쎄우 노-미 이 우 누-메루 두 보우 뽀르 파보-르

❻ Meu nome é Minsu Kim.
메우 노-미 에 민수 김

❼ O número do vôo é 423.
우 누-메루 두 보우 에 꽈-뜨루 도이스 뜨레스

cancelar(깡쎌라-르) : 취소하다

o número do vôo(우 누-메루 두 보우)
: 항공편 번호

앗! 단어장!

항공권 관련 단어

한국어	포르투갈어	발음
여행사	a agência de viagens	아 아젱-씨아 지 비아-젱스
항공사	a companhia aérea	아 꽁빠니-아 아에-리아
항공권	a passagem aérea	아 빠싸-젱 아에-리아
예약	a reserva	아 헤제-르바
확인	a confirmação	아 꽁피르마써-웅
재확인	a reconfirmação	아 헤꽁피르마써-웅
취소	o cancelamento	우 깡셀라멩-뚜
스케쥴	a agenda	아 아젱-다
편도항공권	a passagem de ida	아 빠싸-젱 지 이다
왕복항공권	a passagem de ida e volta	아 빠싸-젱 지 이다 이 보-우따
1등석	a primeira classe	아 쁘리메-이라 끌라씨
2등석	a classe econômica	아 끌라씨 이꼬노-미까
항공편명	o número do vôo	우 누-메루 두 보우
정기편	o vôo regular	우 보우 헤굴라-르
시간표	o horário	우 오라-리우
좌석번호	o número do assento	우 누-메루 두 아쎙-뚜
자유석	o lugar não reservado	우 루가-르 너웅 헤제르바-두
운임	a tarifa	아 따리-파
안내소	o balcão de informação	우 바우꺼-웅 지 잉포르마써-웅

2. 출국수속!

❶ 출국준비의 순서!

공항에서의 출국수속은 크게 다음과 같이 진행됩니다. 공항에 도착하시면 다음과 같은 순서로 출국수속을 밟으세요.

❶ 병무신고(남자 : 공항병무신고 사무소 3층 A카운터에서 확인필증 교부), ❷ 항공사 체크인(자신이 이용할 항공사 카운터로 이동해서 비행기 좌석번호와 수하물표를 받음), ❸ 관광진흥기금 구입(자동판매기 이용) 및 환전(공항 환전소나 공항내 면세점 구역 환전소 이용), ❹ 출입국신고서 작성(출국심사대 앞에 비치되어 있음), ❺ 비행기 탑승수속, ❻ 세관신고(고가품은 신고필증 (**custom stamp**)을 교부 받도록 함), ❼ 보안검색(금속탐지문 통과), ❽ 출국심사(탑승권, 여권, 출입국신고서

공항에서의 상식

를 제출하면 심사관이 확인한 후 날인과 함께 출입국신고서의 한쪽을 절취해 여권에 부착해 줍니다.), ❾ 탑승게이트로 이동, ❿ 탑승의 순서로 임하시면 되겠습니다.

공항에는 최소한 2~3시간 전에 도착하도록 하며, 비행기 출발 30분 전에는 탑승게이트 대기실에 도착해 있어야 합니다.

❷ 인천국제공항 상식

ⓐ **공항까지의 교통편** : 국제선 이용 승객은 인천국제공항을 이용합니다. 인천국제공항까지는 인천국제공항 전용고속도로(40.2km)를 이용합니다. 서울에서 인천공항까지의 이동 방법으로는 리무진 버스(서울역-인천국제공항 간 75분 소요), 택시(60분 소요), 지하철(5호선 방화역, 김포공항 리무진 버스로 환승)을 이용하실 수 있습니다. 운송화물을 미리 보낼 경우, 김포 도심 터미널이나 삼성동 서울 도심공항 터미널을 이용하시면 공항 이용료가 할인됩니다.

> 인천국제공항 : **www.airport.or.kr**
> 서울 도심공항터미널 : **www.kcat.co.kr**

ⓑ **공항 면세점** : 출국심사를 마치고 탑승게이트 쪽으로 들어서면 공항 면세점이 중앙에 있습니다. 선물(시계, 화장품, 향수, 민속상품, 기념품)이나 기호품(담배, 술, 초콜릿, 문구류, 필름)을 할인된 가격으로 살 수 있습니다.

2. 출국수속!

❸ 공항에서 할 일!

ⓐ **병무신고** : 만 18세 이상 30세까지의 병역미필자는 인천국제공항 청사 3층에 있는 병무신고소에 거주지 동사무소로부터 발급 받은 신고필증을 제출하고, 확인필증을 교부받으면 됩니다.

ⓑ **항공사 데스크에서의 보딩패스** : 항공사 데스크로 가서 여권, 항공권을 제시하면 비행기내 좌석번호를 받게 됩니다. 그리고 탁송할 화물들을 계근대 위에 올려 놓으면 항공사 직원은 확인 후 수하물표(**claim tag**)를 가방에 달아 주고, 화물의 인환증을 항공표 뒷면에 붙여 줄 것입니다. 이때 인환증의 갯수와 행선지 표시를 반드시 확인해 만약 하물이 분실되었을 경우를 대비해야 합니다.

ⓒ **출국수속** : 관광진흥기금을 내고 출국심사장으로 들어 가면 곧바로 세관을 통과하게 되고 출국심사대 앞에 서게 됩니다. 이때는 여권 항공권, 출국신고서를 심사대 직원에게 제출하면 됩니다. 직원은 여권의 유효관계를 확인하고 출국심사확인표를 여권에 붙여 줍니다.

✚ 관광진흥기금 구입과 출입국신고서 작성

'관광진흥기금'은 각 데스크 근처의 자동판매기에서 살 수 있으며, 가격은 10,000원입니다. (이것을 출국수속장 입구에 내시면 됩니다.) 그리고 출입국신고서는 탑승수속 카운터 앞쪽에 마련된 테이블에 비치되어 있는 출입국신고서(**E/D Card**) 양식에 작성하면 됩니다. 양식은 한글, 한자, 알파벳으로 작성합니다.

빠르게 찾고 쉽게 말하는 여행회화! 여러분의 여행을 보다 즐겁고 편안하게 만들어 드립니다!!

❶ 보딩패스! 1.

❶ 비행기표를 보여 주시겠습니까?

❷ 여기 있습니다.

❸ 통로측과 창측 어떤 좌석을 원하십니까?

❹ 창측 좌석을 원합니다.

❺ 통로측 좌석을 원합니다.

❻ 네, 여기 있습니다. 좌석번호는 30-A입니다.

❼ KAL카운터로 이 짐을 운반해 주시겠어요?

❽ 짐이 있습니까?

❾ 네, 있습니다.

2. 출국수속!

❶ Poderia me mostrar a sua passagem?
뽀데리-아 미 모스뜨라-르 아 쑤아 빠싸-젱

❷ Aqui está.
아끼- 이스따-

❸ Quer um assento na janela ou no corredor?
께르 웅 아 쌩-뚜 나 쟈넬-라 오우 누 꼬헤도-르

❹ Gostaria de um assento na janela, por favor.
고스따리-아 지 웅 아 쌩-뚜 나 쟈넬-라 뽀르 파보-르

❺ Queria um assento no corredor.
께리-아 웅 아 쌩-뚜 누 꼬헤도-르

❻ Aqui está. O número do seu assento é 30-A.
아끼- 이스따- 우 누-메루 두 쎄우 아 쌩-뚜 에 뜨링-따 아

❼ Poderia levar esta bagagem ao balcão da KAL, por favor?
뽀데리-아 레바-르 에-스따 바가-젱 아우 바우꺼-웅 다 까우 뽀르 파보-르

❽ Tem bagagem?
뗑 바가-젱

❾ Sim. Tenho.
씽 뗑유

❷ 보딩패스! 2.

❿ 짐은 3개입니다.

⓫ 몇 번 게이트입니까?

⓬ 3번 게이트는 어딥니까?

⓭ 7번 게이트를 가르쳐 주시겠습니까?

⓮ 수하물 초과요금이 얼마입니까?

⓯ 탑승 시간은 언제입니까?

⓰ 면세점은 어디에 있습니까?

앗! 단어장!

a bagagem(아 바가-젱) : 짐, 가방
o portão(우 뽀르떠-웅) : 탑승구, 출구
o excesso(우 이쎄-쑤) : 초과

2. 출국수속!

❿ Tenho 3 bagagens.
뗑-유 뜨레스 바가-젱스

⓫ Qual é o número do portão?
꽈우 에 우 누-메루 두 뽀르떠-웅

⓬ Onde fica o portão 3?
옹-지 피-까 우 뽀르떠-웅 뜨레스

⓭ Onde fica o portão 7?
옹-지 피-까 우 뽀르떠-웅 쎄-찌

⓮ Quanto é pelo excesso de bagagem?
꽝-뚜 에 뻴-루 이쎄-쑤 지 바가-젱

⓯ Qual é a hora de embarque?
꽈우 에 아 오-라 지 잉바-르끼

⓰ Onde fica o Free Shop?
옹-지 피-까 우 프리 쇼삐

앗! 단어장!

a bagagem de mão
(아 바가-젱 지 머웅) : 손가방

a hora de embarque
(아 오-라 지 잉바-르끼) : 탑승 시간

탑승 관련 단어

한국어	포르투갈어	발음
공항	o aeroporto	우 아에로뽀-르뚜
국제공항	o aeroporto internacional	우 아에로뽀-르뚜 잉떼르나씨오나-우
검역	a imigração	아 이미그라써-웅
예방주사증명서	a vacinação	아 바씨나써-웅
기내반입수화물	a bagagem de mão	아 바가-젱 지 머웅
분실물취급소	os perdidos e achados	우스 뻬르지-두스 이 아샤-두스
탑승구	o portão de embarque	우 뽀르떠-웅 지 잉바-르끼
대합실	a sala de espera	아 쌀-라 지 이스뻬-라
수하물	a bagagem	아 바가-젱
여권	o passaporte	우 빠싸뽀-르찌
짐표	o ticket de bagagem	우 찌-께찌 지 바가-젱
비행기편명	o número do vôo	우 누-메루 두 보우
국제선	a ala internacional	아 알-라 잉떼르나씨오나-우
국내선	a ala doméstica	아 알-라 도메-스찌까
탑승절차	o processo de embarque	우 쁘로쎄-쑤 지 잉바-르끼
항공사카운터	o balcão da companhia aérea	우 바우꺼-웅 다 꽁빠니-아 아에-리아
탑승권	o cartão de embarque	우 까르떠-웅 지 잉바-르끼
비자	o visto	우 비-스뚜
항공권	a passagem aérea	아 빠싸-젱 아에-리아
공항세	a taxa de aeroporto	아 따샤 지 아에로뽀-르뚜
좌석번호	o número do assento	우 누-메루 두 아 -뚜

3. 출발! 기내에서

❶ 기내의 안전수칙!

ⓐ **지정좌석** : 기내에서는 지정된 좌석에 앉아야 합니다. 짐은 머리 위쪽의 선반에 넣습니다. 안전을 위해 무거운 짐은 다리 아래 놓습니다. 승무원의 지시에 따라 이착륙시에는 좌석에 앉고, 반드시 안전벨트를 착용합니다. 좌석상단의 메시지 램프에는 안전고도에서 정상운행 중일지라도 기류에 따라 경고등이 표시되곤 합니다. 이때 **'No Smoking'**은 '금연'을, **'Fasten Seat Belt'**는 '안전벨트를 매시오.' 라는 뜻입니다.

ⓑ **좌석의 조정** : 비행기의 좌석은 뒤로 젖힐 수 있게 되어있어 장거리 여행시에는 뒤로 눕혀 잠을 잘 수도 있습니다. 그러나 이착륙시나 식사 때는 의자를 바로 세워 정위치로 만듭니다. 눕힐 때는 뒷좌석의 손님에게 양해를 구하거나 천천히 젖히는 것이 바람직합니다. 자리가 불편한 경우 승무원에게 부탁하면 다른 자리로 옮길 수 있습니다.

기내에서의 상식!

ⓒ **안전사항** : 비행기 멀미를 하시는 분이라면 좌석 앞주머니에 준비되어 있는 구토용 봉지를 사용하시거나, 호출버튼을 눌러 스튜어디스에게 찬음료나 진정제 등을 부탁할 수 있습니다. 그리고 기내 주요 유의사항으로는 비행기 안전운항에 장애가 될 수 있기 때문에 모든 전자제품의 사용을 금하는 것과, 다른 승객에게 불편이 될 수 있기 때문에 기내에서는 금연이라는 것, 그리고 흉기의 기내 반입은 절대 금지되고 있음을 기억해 주십시오.

❷ 기내의 식사!

기내식으로 제공되는 것으로는 식사, 차, 주류 및 청량음료 등이 있습니다. 좌석의 등급별로 식사는 다르게 나오며, 본인이 못 먹는 음식은 피할 수도 있습니다. (채식식단과 육식식단이 함께 준비되기 때문에 선택적으로 주문이 가능합니다.) 기내식은 통상 이륙 후 3~4시간 후에 서비스됩니다.

음료는 식사 때가 아니더라도 필요하면 언제라도 주문이 가능하며, 기내에서는 탄산음료 보다는 물이나 과일 주스류가 좋습니다. 주류는 제한된 양이지만 맥주 한두 캔이나 와인 한두 잔은 무료로 서비스됩니다. 그러나 기내에서의 음주는 기압과 안전을 고려해 평소 주량의 1/3 정도만 드시는 것이 좋습니다.

❸ 기내의 서비스들!

장시간의 비행이 이루어지는 노선은 비행시간에 따라 한 두편 정도의 최신 영화들이 상영됩니다. 팔걸이에 장치된 다

3. 출발! -기내에서-

이얼과 좌석 주머니의 이어폰을 사용하여 영화나 스포츠방송을 볼 수 있고, 팝송, 컨트리송, 가요, 클래식 등 장르별로 음악을 즐길 수도 있습니다. 영화나 방송의 내용 그리고 음향이나 채널의 안내는 앞에 비치된 안내책자를 참고하십시오. 그밖에 각국의 신문, 잡지 및 트럼프·바둑 등 오락기구도 구비되어 있어서 필요시엔 승무원에게 요구하시면 됩니다. 이들 오락기구는 대부분 승객들에게 서비스되는 것들로 기념품으로 가져가도 됩니다. (헤드폰과 담요는 반납해야 함.)

❹ 기내의 면세쇼핑!

기내에서는 양주, 담배, 향수, 시계, 화장품, 스카프, 완구 등의 기호품과 선물용품들이 면세된 가격으로 판매됩니다. 세계적으로 유명한 제품들이 선정되어 구비되어 있으며, 주문과 배달도 가능합니다. 쇼핑 품목 및 수량은 도착국의 반입 허용량을 고려하시어 구입하는데, 보통 양주 1병, 담배 20갑 정도가 적정 수준이 되겠습니다.

✚ 기내화장실 상식!

기내 화장실은 남녀 공용입니다. 화장실의 현재 사용상태는 벽면의 표시등으로 표시됩니다. 사용중이면 **'Occupied'**, 비어 있을 때는 **'Vacant'**라는 표시등에 불이 켜집니다. 화장실로 들어 갈때는 문을 밀어서 열고, 나올 때는 잡아 당겨서 문을 엽니다. 화장실의 사용법은 일반 수세식변기 사용과 같으며, 사용한 휴지는 쓰레기통에 버려야 합니다. 이착륙시 또는 이상 기류로 기체가 흔들릴 때는 **'Return to seat'**(좌석으로 돌아가라.)라는 표시등이 켜지게 됩니다. 이럴 땐 서둘러 자리로 돌아가도록 합니다. 그리고 화장실도 금연구역이기 때문에 유의해야 합니다.

Toilet

① 기내 입구에서!

❶ 탑승권을 보여 주시겠습니까?

❷ 여기 있습니다.

❸ 손님 좌석은 20-A입니다.

❹ 손님 좌석은 저기 창가 쪽입니다.

❺ 고맙습니다.

❻ 실례합니다. 제 자리는 30-A입니다.

❼ 좌석 30-A는 어디입니까?

❽ 손님 좌석은 저쪽 통로 쪽입니다.

❾ 이 좌석이 어디입니까?

 기내에서는 전자제품의 사용을 삼가시오!

3. 출발! -기내에서-

❶ O cartão de embarque, por favor.
우 까르떠-웅 지 잉바-르끼 뽀르 파보-르

❷ Aqui está.
아끼- 이스따-

❸ Seu assento é 20-A.
쎄우 아 쌩-뚜 에 빙-찌 아

❹ Seu assento é lá na janela.
쎄우 아 쌩-뚜 에 라 나 쟈넬-라

❺ Obrigado/a.
오브리가-두/다

❻ Com licença. Meu assento é 30-A.
꽁 리쌩-싸 메우 아 쌩-뚜 에 뜨링-따 아

❼ Onde é 30-A?
옹-지 에 뜨링-따 아

❽ Fica ali no corredor.
피-까 알리- 누 꼬헤도-르

❾ Onde fica este assento?
옹-지 피-까 에-스찌 아쌩-뚜

❷ 기내 좌석에서!

❶ 자리 좀 바꾸어 주실 수 있습니까?

❷ 네, 뒤쪽에 빈자리가 많이 있습니다.

❸ 통로쪽 자리였으면 좋겠습니다.

❹ 실레합니다만 잠깐 지나가도될까요?

❺ 이 자리에 앉아도 되겠습니까?

❻ 죄송합니다만, 여긴 제자리 같습니다.

❼ 좌석을 제 위치로 해 주십시오.

❽ 의자를 뒤로 젖혀도 되겠습니까?

❾ 화장실은 어디입니까?

3. 출발! -기내에서-

❶ Poderia me mudar de lugar?
뽀데리-아 미 무다-르 지 루가-르

❷ Claro. Tem muitos lugares livres no fundo.
끌라-루 뗑 무-이뚜스 루가-리스 리-브리스 누 풍두

❸ Prefiro um assento no corredor.
쁘레피-루 웅 아쎙-뚜 누 꼬헤도-르

❹ Com licença. Posso passar?
꽁 리쎙-싸 뽀-쑤 빠싸-르

❺ Posso me sentar aqui?
뽀-쑤 미 쎙따-르 아끼-

❻ Com licença. Acho que este é meu assento.
꽁 리 쎙싸 아-슈 끼 에-스찌 에 메우 아쎙-뚜

❼ Por favor, coloque seu assento na posição vertical.
뽀르 파보-르 꼴로-끼 쎄우 아쎙-뚜 나 뽀지써-웅 베르찌까-우

❽ Posso reclinar o assento?
뽀-쑤 헤끌리나-르 우 아쎙-뚜

❾ Onde fica o banheiro?
옹-지 피-까 우 방예-이루

❸ 기내식의 주문!

❶ 닭고기 또는 쇠고기를 드시겠습니까?

❷ 쇠고기요리로 주세요.

❸ 커피와 차 중 어떤 것을 드릴까요?

❹ 커피로 주세요.

❺ 크림과 설탕을 넣어 드릴까요?

❻ 아니요, 블랙으로 주세요.

❼ 손님, 식사 다 하셨습니까?

❽ 네, 잘 먹었습니다.

❾ 아직 안 먹었습니다.

3. 출발! -기내에서-

❶ Prefere frango ou carne(de vaca)?
쁘레페-리 프랑-구 오우 까-르니 (지 바-까)

❷ Carne, por favor.
까-르니 뽀르 파보-르

❸ Café ou chá?
까페- 오우 샤

❹ Café, por favor.
까페- 뽀르 파보-르

❺ Com creme e açúcar?
꽁 끄레-미 이 아쑤-까르

❻ Não, café puro, por favor.
너웅 까페- 뿌-루 뽀르 파보-르

❼ Está satisfeito?
이스따- 싸찌스페-이뚜

❽ Sim. Gostei.
씽 고스떼-이

❾ Ainda não.
아잉-다 너웅

④ 기내에서의 쇼핑!

❶ 기내에서 면세품을 팝니까?

❷ 볼펜 있습니까?

❸ 네, 있습니다.

❹ 한 다스에 얼마입니까?

❺ 18달러입니다.

❻ 위스키 2병 주세요.

❼ 담배 있습니까?

❽ 1상자 주세요.

❾ 한국돈으로 지불해도 됩니까?

3. 출발! -기내에서-

❶ Vocês têm serviço de Duty Free a bordo?
보쎄-스 뗑 쎄르비-쑤 지 두찌 프리 아 보-르두

❷ Tem caneta esferográfica?
뗑 까네-따 이스페로그라-피까

❸ Sim. Tenho.
씽 뗑-유

❹ Quanto é a dúzia?
꽝-뚜 에 아 두-지아

❺ 18 dólares.
데조-이뚜 돌-라리스

❻ Duas garrafas de uísqui, por favor.
두아스 가하-파스 지 우이-스끼 뽀르 파보-르

❼ Tem cigarros?
뗑 씨가-후스

❽ Uma caixa, por favor.
우-마 까-이샤 뽀르 파보-르

❾ Posso pagar em moeda coreana?
뽀-쑤 빠가-르 잉 모에-다 꼬레아-나

⑤ 기내에서의 요구!

❶ 몸이 좋지 않습니다.

❷ 두통약 좀 가져다 주시겠습니까?

❸ 네, 타이레놀을 갖다 드리죠.

❹ 마실 것 좀 드릴까요?

❺ 우유 한 잔 주세요.

❻ 마실 것 좀 가져다 주시겠습니까?

❼ 뭘 좀 드시겠어요?

❽ 아니오, 배가 고프질 않군요.

❾ 담요 한 장 좀 가져다 주시겠습니까?

3. 출발! -기내에서-

❶ Não estou me sentindo bem.
너웅 이스또-우 미 쌩찡-두 벵

❷ Tem remédio para dor de cabeça?
뗑 헤메-지우 빠-라 도르 지 까베-싸

❸ Sim. Vou trazer Tylenol para você.
씽 보우 뜨라제-르 찔-레노우 빠-라 보쎄-

❹ Alguma coisa para beber?
아우구-마 꼬-이자 빠-라 베베-르

❺ Um copo de leite, por favor.
웅 꼬-뿌 지 레-이찌 뽀르 파보-르

❻ Posso tomar alguma coisa?
뽀-쑤 또마-르 아우구-마 꼬-이자

❼ Quer alguma coisa para comer?
께르 아우구-마 꼬-이자 빠-라 꼬메-르

❽ Não, obrigado. Não estou com fome.
너웅 오브리가-두 너웅 이스또-우 꽁 포-미

❾ Pode me dar um cobertor, por favor?
뽀-지 미 다르 웅 꼬베르또-르 뽀르 파보-르

빠르게 찾고 쉽게 말하는 여행회화! 여러분의 여행을 보다 즐겁고 편안하게 만들어 드립니다!!

⑥ 신고서의 작성!

❶ 펜 좀 써도 될까요?

❷ 그럼요. 여기 있습니다.

❸ 제 입국신고서 좀 봐주시겠습니까?

❹ 어떻게 기재하는지 가르쳐 주십시오.

❺ 여기에 무엇을 써야 됩니까?

❻ 입국카드를 한장 더 얻을 수 있을까요?

❼ 제가 좀 틀리게 썼습니다.

앗! 단어장!

checar(쉐까-르) : 확인하다
a ficha de desembarque
(아 피-샤 지 데젱바-르끼) : 입국신고서

3. 출발! -기내에서-

❶ Pode me emprestar sua caneta?
뽀-지 미 잉쁘레스따-르 쑤아 까네-따

❷ Pois não. Aqui está.
뽀이스 너웅 아끼- 이스따-

❸ Pode dar uma olhada no meu formulário de entrada?
뽀-지 다르 우-마 올야-다 누 메우 포르물라-리우 지 잉뜨라-다

❹ Poderia me ajudar a preencher esta ficha?
뽀데리-아 미 아쥬다-르 아 쁘리엥쉐-르 에-스따 피-샤

❺ O que devo escrever aqui?
우 끼 데-부 이스끄레베-르 아끼-

❻ Pode me dar mais uma ficha de entrada?
뽀-지 미 다르 마이즈 우-마 피-샤 지 잉뜨라-다

❼ Escrevi errado.
이스끄레비- 에하-두

o formulário(우 포르물라-리우) : 양식

a ficha de entrada
(아 피-샤 지 잉뜨라-다) : 입국카드

앗! 단어장!

❼ 경유 | 환승할 때!

❶ 이 공항에서 얼마나 체류하게 되나요?

❷ 약 1시간 정도입니다.

❸ 당신은 통과 여객이십니까?

❹ 얼마나 기다려야 합니까?

❺ 거기에 면세점이 있습니까?

❻ 면세점은 어디에 있습니까?

❼ 비행기를 갈아 타야 합니다.

❽ 제가 탈 항공편의 확인은 어디에서 합니까?

❾ 1층 대합실에 있는 항공사카운터에서 하십시오.

3. 출발! -기내에서-

❶ Quanto tempo vamos ficar neste aeroporto?
꽝-뚜 뗑-뿌 바-모스 피까-르 네-스찌 아에로뽀-르뚜

❷ Mais ou menos uma hora.
마이즈 오우 메-누즈 우-마 오-라

❸ Você é passageiro em trânsito?
보세- 에 빠싸제-이루 잉 뜨랑-지뚜

❹ Quanto tempo temos que esperar?
꽝-뚜 뗑-뿌 떼-무스 끼 이스뻬라-르

❺ Tem um Free Shop lá?
뗑 웅 프리 쇼피 라-

❻ Onde fica o Free Shop?
옹-지 피-까 우 프리 쇼삐

❼ Tenho que fazer uma conexão.
뗑-유 끼 파제-르 우마 꼬넥써-웅

❽ Onde posso confirmar o meu vôo?
옹-지 뽀-쑤 꽁피르마-르 우 메우 보우

❾ No balcão da companhia no primeiro andar.
누 바우꺼-웅 다 꽁빠니-아 누 쁘리메-이루 앙다-르

✚ 기내용 관련 단어들!

한국어	포르투갈어	발음
기장	o capitão	우 까삐떠-웅
승무원	o comissário	우 꼬미싸-리우
여승무원	a aeromoça	아 아에로모-싸
객실	a cabina	아 까비나
비상구	a saída de emergência	아 싸이-다 지 이메르젱-씨아
화장실	o toalete	우 또알레찌
호출버튼	o botão de chamada	우 보떠-웅 지 샤마-다
이어폰	o fone de ouvido	우 포니 지 오우비-두
멀미주머니	a bolsa higiênica	아 보-우싸 이쥐에-니까
구명동의	o colete salva-vidas	우 꼴레-찌 싸-우바 비-다스
산소마스크	a máscara de oxigênio	아 마-스까라 지 옥시제-니우
안전벨트	o cinto de segurança	우 씽-뚜 지 쎄구랑-싸
독서등	a luz de leitura	아 루스 지 레이뚜-라
모포	o cobertor	우 꼬베르또-르
금연	proibido fumar	쁘로이비-두 푸마-르

✚ 주요 안내 표현!

한국어	포르투갈어	발음
비어있음	livre	리-브리

3. 출발! -기내에서-

| 사용중 | **ocupado** | 오꾸빠-두 |

좌석으로 돌아가시오! **volte ao assento**
보-우찌 아우 아쎙-뚜

안전벨트착용 **aperte o cinto**
아뻬르찌 우 씽-뚜

문을 잠그시오. **feche a porta, por favor**
페-쉬 아 뽀르따 뽀르 파보-르

담배 버리지 말것! **não jogue o cigarro**
너웅 죠기 우 씨가-후

화장실내 금연 **proibido fumar no toalete**
쁘로이비-두 푸마-르 누 또알레찌

버튼을 누르시오! **pressione o botão**
쁘레씨오-니 우 보떠-웅

변기물을 내리시오! **descarregue o vaso**
지스까헤-기 우 바-주

콘센트 **a tomada** 아 또마-다

비상용버튼 **o botão de chamada**
우 보떠-웅 지 샤마-다

빠르게 찾고 쉽게 말하는 여행회화! 여러분의 여행을 보다 즐겁고 편안하게 만들어 드립니다!!

✚ 환승 관련 단어들!

통과여객	**o passageiro em trânsito**	
	우 빠싸제-이루 잉 뜨랑-지뚜	
통과증	**o visto de trânsito**	
	우 비-스뚜 지 뜨랑-지뚜	
비행기	**o avião**	우 아비어-웅
대합실	**a sala de espera**	
	아 쌀-라 지 이스뻬-라	
입국카드	**a ficha de entrada**	
	아 피-샤 지 잉뜨라-다	
입국사증	**o visto de entrada**	
	우 비-스뚜 지 잉뜨라-다	
탑승장소	**o portão de embarque**	
	우 뽀르떠-웅 지 잉바-르끼	
목적지	**o destino**	우 지스찌-누
시내공항터미널	**o terminal da cidade**	
	우 떠르미나-우 다 씨다-지	
환승편	**o vôo de conexão**	
	우 보우 지 꼬넥써-웅	
국제선	**a ala internacional**	
	아 알-라 잉떼르나씨오나-우	
국내선	**a ala doméstica**	
	아 알-라 도메-스찌까	
탑승권	**a ficha de embarque**	
	아 피-샤 지 잉바-르끼	
항공시간표	**o horário dos vôos**	
	우 오라-리우 두스 보우스	
현지시간	**a hora local** 아 오-라 로까-우	
시차	**a diferença de horas**	
	아 지페렝-싸 지 오-라스	
이륙	**a decolagem** 아 데꼴라-젱	
착륙	**a aterrissagem** 아 아떼히싸-젱	

4. 목적지 도착!

❶ 입국절차 상식!

목적지의 공항에 도착해서 비행기에서 내리면 곧 입국절차를 밟게 됩니다. 입국절차는 출국과 반대의 순으로 진행됩니다. 즉 ⓐ 공항도착, ⓑ 'Arrival'이라고 표시된 출구로 나갑니다. ⓒ 검역소를 통과합니다. (보통은 생략됨), ⓓ 입국심사, ⓔ 수하물 찾기, ⓕ 세관검사, ⓖ 입국완료의 순으로 진행됩니다. 좀 더 세부적으로 소개하면 다음과 같습니다.

❷ 입국심사!

입국심사는 'Immigration' 또는 'Passport Control'이라고 표시된 곳에 가서 'Foreigner'라고 써있는 곳에 줄을 섭니다. 여행자가 여권, 입국 신고서, 세관 신고서, 귀국용 항공권을

입국심사의 모든 것!

제시하면 심사원은 여권확인과 함께 스탬프를 찍고 입국 카드 확인부분을 여권에 넣어 다시 돌려 주는데, 이렇게 하면 입국심사가 완료됩니다. 보통은 입국경위나 체재지, 체재기간 등을 묻지 않으므로 심사절차가 간단하게 마무리 됩니다. 참고로 포르투갈은 출입국 카드를 작성하지 않습니다.

❸ 수하물 찾기!

입국심사를 마치면 '수하물 찾는곳'(**baggage or luggage claim area**)으로 갑니다. 찾을 짐이 많으면 짐수레(**cart**)를 준비해 탁송된 짐이 실려 나오는 콘베이어 앞에서 기다립니다. (비슷한 가방이 많기 때문에 이름을 반드시 확인할 것) 국제공항에는 수하물 찾는 곳이 여러 곳이므로, 본인이 이용했던 항공편 표시등 아래로 찾아가야만 착오가 없습니다. 수하물이 나오는 시간은 보통 30분 정도 걸리며, 착륙 비행기가 많을 경우에 1시간 넘게 걸리는 때도 있습니다. 자신의 짐이 발견되면 수하물 인환증(**claim tag**)의 번호와 짐 번호를 확인하도록 하며, 만약 짐이 나오지 않

을 경우에는 항공사 직원에게 협조를 구하도록 합니다. 분실신고는 화물도착 후 4시간 이내에 해야 합니다.

❹ 세관통관 상식!

짐을 찾으면 마지막 통관문인 세관검사대(**Customs**)로

4. 목적지 도착! -입국심사-

갑니다.

브라질의 세관 검사는 입국자 중에서 선택적으로 이루어지는데 입구에 설치된 화살표가 파란색이면 통과이고, 붉은색이면 세관검사를 받아야 합니다. 면세 범위는 개인 휴대품의 경우, 개인용품과 카메라, 노트북 컴퓨터, 미화 1000달러 정도입니다. 전자제품과 광학기기 같은 무관세 통관 불허품목은 세관에 맡겨놓았다가 출국 시에 찾아가던지, 아니면 간이 수입절차 수속을 한 후 가지고 들어갈 수 있습니다. 그리고 공항면세점에서는 US $500까지의 구입품에 대해서는 무관세입니다.

포르투갈의 경우는 세관 신고서를 작성하지는 않지만, 담배 20갑, 술 2병, 향수 2병 이상의 물품에는 관세를 부여합니다.

✚ 도착로비의 이용

세관검사가 끝나면 모든 입국 절차가 끝이 납니다. 그대로 출구를 나오면 거기가 도착 로비가 됩니다. 도착 로비에는 환전소(**Bank Exchange / Change / Cambio / Wechsel** 등의 표지가 붙어 있음)가 있으므로 현지 통화의 현금이 필요하신 분은 반드시 여기서 버스비, 택시비에 필요한 현금을 환전하도록 합니다. 도착 로비에는 관광안내소(**Information**), 호텔 예약카운터(**Hotel Reservation**), 렌트카 회사(**Rent a car**), 공중전화(**Pay Phone**)나 자동판매기(**Vending Machine**), 화장실(**Restroom**) 등이 있으므로 이를 이용하실 수 있습니다.

빠르게 찾고 쉽게 말하는 여행회화! 여러분의 여행을 보다 즐겁고 편안하게 만들어 드립니다!!

❶ 입국심사대에서 1.

❶ 입국심사대는 어디에 있습니까?

❷ 여권 좀 보여 주시겠습니까?

❸ 검역증명서도 보여주세요.

❹ 방문 목적은 무엇입니까?

❺ 휴가차 왔습니다. / 사업차 왔습니다.

❻ 친척을 방문하러 왔습니다.

❼ 첫 방문입니까?

❽ 네, 이번이 처음입니다.

❾ 브라질에 얼마 동안 체류하십니까?

4. 목적지 도착! -입국심사-

❶ Onde é a imigração?
옹-지 에 아 이미그라써-웅

❷ Passaporte, por favor.
빠싸뽀-르찌 뽀르 파보-르

❸ Seu certificado de vacinação, por favor.
쎄우 쎄르찌피까-두 지 바씨나써-웅 뽀르 파보-르

❹ Qual é o propósito da sua visita?
꽈우 에 우 쁘로뽀-지뚜 다 쑤아 비지-따

❺ De férias. / A negócios.
지 페-리아스   아 네고-씨우스

❻ Vim visitar meus parentes.
빙 비지따-르 메우스 빠렝-찌스

❼ É sua primeira visita?
에 쑤아 쁘리메-이라 비지-따

❽ Sim, é minha primeira visita.
씽 에 밍-야 쁘리메-이라 비지-따

❾ Quanto tempo pretende ficar no Brasil?
꽝-뚜 뗑-뿌 쁘레뗑-지 피까-르 누 브라지-우

❷ 입국심사대에서 2.

❿ 30일입니다. / 3달 정도입니다.

⓫ 최종 목적지는 어딥니까?

⓬ 마나우스입니다.

⓭ 마나우스 어디에서 머무르실 겁니까?

⓮ 친구 집에 머물 예정입니다.
여기 주소가 있습니다.

⓯ 돌아갈 항공권을 갖고 계십니까?

⓰ 여기 있습니다.

4. 목적지 도착! -입국심사-

❿ 30 dias./ Mais ou menos 3 meses.
뜨링-따 지아스 마이즈 오우 메-누스
뜨레스 메-지스

⓫ Qual é o seu destino final?
꽈우 에 우 쎄우 지스찌-누 피나-우

⓬ Manaus.
마나-우스

⓭ Onde pretende ficar em Manaus?
옹-지 쁘레뗑-지 피까-르 잉 마나-우스

**⓮ Vou ficar na casa do meu amigo.
Este é o endereço dele.**
보우 피까-르 나 까-자 두 메우 아미-구
에-스찌 에 우 잉데레-쑤 델-리

⓯ Tem a passagem de volta?
뗑 아 빠싸-젱 지 보-우따

⓰ Aqui está.
아끼- 이스따-

❸ 수하물 찾기!

❶ 실례합니다만, 수하물 찾는 곳은 어디입니까?

❷ 수하물 찾는 곳은 저쪽입니다.

❸ 갈색가방이 제 것입니다.

❹ 나머지를 찾을 수가 없습니다.

❺ 안내소는 어디입니까?

❻ 실례합니다만, 제 가방을 찾을 수 없습니다.

❼ 제 짐을 찾을 수 있게 도와주시겠습니까?

❽ 그러죠. 수하물 인환증 가지고 계시죠?

❾ 여기 있습니다.

4. 목적지 도착! -입국심사-

❶ Com licença, onde posso pegar as bagagens?
꽁 리쌩-싸 옹-지 뽀-쑤 뻬가-르 아스 바가-젱스

❷ A esteira é ali.
아 이스떼-이라 에 알리-

❸ A mala marrom é minha.
아 말-라 마홍- 에 밍-야

❹ As outras bagagens não se encontram aqui.
아스 오-우뜨라스 바가-젱스 너웅 씨 잉꽁-뜨러웅 아끼-

❺ Onde é o balcão de informações?
옹-지 에 우 바우꺼-웅 지 잉포르마쏭-이스

❻ Por favor, não consigo achar a minha bagagem.
뽀르 파보-르 너웅 꽁씨-구 아샤-르 아 밍-야 바가-젱

❼ Poderia me ajudar a procurar minha mala?
뽀데리-아 미 아쥬다르 아 쁘로꾸라-르 밍-야 말-라

❽ Pois não. Tem o ticket de bagagem?
뽀이스 너웅 뗑 우 찌-께찌 지 바가-젱

❾ Está aqui.
이스따- 아끼-

④ 세관심사!

❶ 신고하실 것이 있습니까?

❷ 신고할 것이 없습니다.

❸ 신고할 것이 있습니다.

❹ 친구에게 줄 시계가 있습니다.

❺ 저는 위스키 두 병을 갖고 있습니다.

❻ 이것들은 모두 개인 소지품입니다.

❼ 이 카메라는 내가 사용하는 것입니다.

❽ 이 가방 좀 열어 주시겠습니까?

4. 목적지 도착! -입국심사-

❶ Tem algo a declarar?
뗑 아-우구 아 데끌라라-르

❷ Não tenho nada a declarar.
너웅 뗑-유 나-다 아 데끌라라-르

❸ Tenho algo a declarar.
뗑-유 아-우구 아 데끌라라-르

❹ Tenho um relógio para dar de presente para meu amigo.
뗑-유 웅 헬로-지우 빠-라 다르 지 쁘레젱-찌 빠-라 메우 아미-구

❺ Tenho duas garrafas de uísque.
뗑-유 두아스 가하-파스 지 우이-스끼

❻ Estes são todos meus bens pessoais.
에-스찌스 써웅 또-두즈 메우스 벵스 뻬쏘아-이스

❼ Esta câmera é do meu uso pessoal.
에-스따 까-메라 에 두 메우 우-주 뻬쏘아-우

❽ Poderia abrir a mala, por favor?
뽀데리-아 아브리-르 아 말-라 뽀르 파보-르

⑤ 공항 여행안내소

❶ 안내소는 어디 있습니까?

❷ 유스호스텔이 현재 개장중입니까?

❸ 다른 호텔이 있습니까?

❹ 호텔을 예약하고 싶습니다.

❺ 괜찮은 호텔을 추천해주시겠습니까?

❻ 여행자를 위한 호텔에 묵고 싶습니다.

❼ 호텔까지 어떻게 갑니까?

❽ 시내로 가는 버스가 있습니까?

❾ 버스 정류장은 어디 있습니까?

4. 목적지 도착! -입국심사-

❶ Onde é o balcão de informações?
옹-지 에 우 바우꺼-웅 지 잉포르마쏭-이스

❷ Há algum albergue aberto nessa época?
아 아우궁- 아우베-르기 아베-르뚜 네-싸 에-뽀까

❸ Há outros hotéis?
아 오-우뜨루스 오떼-이스

❹ Quero fazer uma reserva de quarto.
께-루 파제-르 우-마 헤제-르바 지 꽈-르뚜

❺ Poderia me recomendar um bom hotel?
뽀데리-아 미 헤꼬멩다-르 웅 봉 호떼-우

❻ Queria ficar num hotel para turistas.
께리-아 피까-르 눙 오떼-우 빠-라 뚜리-스따스

❼ Como faço para chegar até o hotel?
꼬-무 파-쑤 빠-라 쉐가-르 아떼- 우 오떼-우

❽ Tem ônibus para o centro da cidade?
뗑 오-니부스 빠-라 우 쌩-뜨루 다 씨다-지

❾ Onde fica o ponto de ônibus?
옹-지 피-까 우 뽕-뚜 지 오-니부스

입국 관련 단어들!

한국어	포르투갈어	발음
이민관리	**o funcionário da imigração**	우 풍씨오나-리우 다 이미그라써-웅
여행자	**o passageiro**	우 빠싸제-이루
관광	**o turismo**	우 뚜리-즈무
사업	**o negócio**	우 네고-씨우
연수	**o estudo**	우 이스뚜-두
회의	**a conferência**	아 꽁페렝-씨아
왕복표	**a passagem de ida e volta**	아 빠싸-젱 지 이-다 이 보-우따
짐수레	**o carrinho de bagagens**	우 까힝-유 지 바가-젱스
세관직원	**o funcionário da alfândega**	우 풍씨오나-리우 다 아우팡-데가
개인소유물	**os artigos privados**	우즈 아르찌-구스 쁘리바-두스
신변용품	**os artigos de uso pessoal**	우즈 아르찌-구스 지 우-주 뻬쏘아-우
선물	**o presente**	우 쁘레젱-찌
약	**o remédio**	우 헤메-지우
반입금지품	**o artigo proibido**	우 아르찌-구 쁘로이비-두
면세품	**o artigo isento de imposto**	우 아르찌-구 이젱-뚜 지 잉뽀-스뚜

5. 호텔의 이용!

❶ 호텔의 이용!

요즘은 대부분 출발전 한국에서 호텔예약을 하거나 본인이 직접 인터넷으로 예약을 하고 있습니다. 때문에 한국에서 예약하고 호텔예약 확인증(바우처)만 받아서 준비해 가면 되겠습니다. 현지 호텔을 정할 때 가장 중요한 사항은 교통이 편리한지, 시설은 낙후되지 않았는지, 가격은 적당한지가 되겠습니다. 예약시에는 원하는 방의 종류, 도착일, 숙박일수, 항공편 등을 알려 주어야 하며, 현지에서 예약할 경우는 직접 전화를 하거나 여행 안내소에 예약을 부탁하면 됩니다.

체크인(**check in** : 숙박절차)은 프론트 데스크에서 합니다. 예약이 되어 있을 경우는 이름을 말하시고 예약확인서를 제시하면 직원은 예약리스트(**reservation list**) 또는 예약카드(**reservation card**)를 조회한 후, 숙박신고서 기재를 요구할 것입니다. 숙박신고서에는 보통 이름(**name**), 주소(**address**),

호텔은 이렇게 이용!

직업(**occupation**), 도착일(**arrival date**), 출발일(**departure date**), 여권번호(**passport number**) 등을 기재하게 되어 있습니다.

호텔의 숙박료는 하루, 즉 24시간 단위로 받습니다. 통상 정오에서 다음날 정오까지로 계산하며, 이때가 이른바 체크아웃 타임(**check-out time**)입니다. 그 이상 호텔에 머물게 되면 할증요금이나 하루치의 숙박요금을 더 물게 됩니다. 요금을 지불하는 방식으로는 ⓐ 크레디트 카드와 ⓑ 현금으로 지불하는 방법 두 가지가 있습니다. 크레디트 카드로 지불할 경우, 접수원은 카드번호를 체크하고, 카드의 유효상태를 확인 조회할 것입니다.

호텔계산서에는 숙박한 일수, 룸서비스를 이용해 드신 것의 요금, 식사대(호텔의 레스토랑 또는 바에서 사인한 청구서 등), 호텔에서 외부에 건 전화요금, 세탁료 등이 계산되는데, 계산액이 정확히 맞는지 다시 한번 확인해 봅니다.

호텔에서는 편리한 룸서비스를 받을 수 있습니다. 룸서비스는 식사배달에서 소프트 드링크(**soft drinks**)와 하-드 드링크(**hard drinks**)를 주문할 수 있습니다. 룸서비스를 이용하면 주문한 것의 10% 정도를 룸서비스 차쥐(**Room service charge**)로 지불하며, 룸서비스맨에게는 별도의 팁을 지불해야 합니다. 그밖에 세탁, 수선서비스와 구두를 닦아 달라고 요구할 수도 있습니다. 방청소와 관련해서는 호텔 방문 손잡이에 달려있는 **sign**(사인-팻말)을 '**Make up please.**' (방청소를 해주시오.) 쪽으로 놓으시면 방청소가 이루어 질 것입니다. 이를 위해 약간의 팁을 테이블 위에 놓고 나가는 것이 좋은데 약 3~5달러 정도 놓으면 무난합니다. 방을 그대로 두고 싶으시면 '**Do not disturb.**' (깨우지 마시오.) 쪽으로 팻말을 걸고 나가시면 됩니다.

5. 호텔의 이용!

❷ 브라질의 숙박 시설!

요즘 브라질의 호텔은 스타 등급제를 사용하지 않고 있지만 관련업체에 정보를 요구하면 과거의 스타 등급을 알 수 있습니다. 리우데자네이로와 상파울루 등의 대도시에 있는 별 5개의 호텔은 최고급의 호텔로서 규모나 시설면에서 최고를 자랑합니다. 또한 리우데자네이루와 상파울루로 지역에 있는 독특한 숙박시설로 아파트 호텔을 들 수 있는데, 이곳의 시설은 고급 호텔처럼 잘 되어 있고 요금은 3~4등급 호텔 정도로 저렴하다는 장점이 있습니다. 호텔의 객실료는 비수기인 3~6월, 8~11월에는 20% 할인 요금을 적용받는 반면에, 12~2, 7월, 카니발이 열리는 주말에는 요금이 가장 비싸므로 참고하시길 바랍니다.

❸ 포르투갈의 숙박 시설!

포르투갈에는 유럽이나 미국의 관광객들이 여름 휴가를 보내기 위해 많이 오므로 이 시기에는 반드시 숙박 시설의 예약을 해야 합니다. 숙박 시설의 종류로는 우선 호텔을 들 수 있는데 호텔은 등급에 따라 별 1~5개로 나뉩니다. 다음으로 고성이나 수도원, 궁전 같은 건물을 개조해서 만든 숙박 시설인 포우자다(Pousada)가 있는데, 포우자다는 다시 CH, B, C로 나뉘며 그 중 수도원이나 고성을 개조해 만든 CH가 가장 인기가 높습니다. 요금이 비싼편이나 이용객이 많으므로 예약은 필수입니다. 그 외에 미니 호텔에 해당하는 이스딸라젱(Estalagem)과 Guest House와 비슷한 저렴한 숙박 시설인 뺑써웅(Pensao), 펜상보다 더 저렴한 우리의 여관과 유사한 도르미다(Dormida)가 있습니다.

빠르게 찾고 쉽게 말하는 여행회화! 여러분의 여행을 보다 즐겁고 편안하게 만들어 드립니다!!

① 체크인(예약시)

❶ 제 짐을 방으로 가져다 주세요.

❷ 이 호텔의 프론트 데스크는 어딥니까?

❸ 제 이름은 김민수입니다.

❹ 저는 예약을 했습니다.

❺ 이 숙박신고서를 기재해 주십시오.

❻ 지불은 현금과 카드, 어떻게 하시겠습니까?

❼ 비자카드를 사용하겠습니다.

❽ 현금으로 하겠습니다.

❾ 짐은 이것이 전부입니까?

5. 호텔의 이용!

❶ Poderia levar minhas malas para o quarto, por favor?
뽀데리-아 레바-르 밍-야스 말-라스 빠-라 우 꽈-르뚜 뽀르 파보-르

❷ Onde é a recepção deste hotel?
옹-지 에 아 헤쎕써-웅 데-스찌 오뗴-우

❸ Meu nome é Minsu Kim.
메우 노-미 에 민수 김

❹ Já fiz uma reserva.
쟈 피스 우-마 헤제-르바

❺ Poderia preencher esta ficha de registro?
뽀데리-아 쁘리엥쉐-르 에스따 피-샤 지 헤지-스뜨루

❻ Como vai pagar, em dinheiro ou com cartão?
꼬-무 바이 빠가-르 잉 징예-이루 오우 꽁 까르떠-웅

❼ Cartão VISA.
까르떠-웅 비자

❽ Em dinheiro.
잉 징예-이루

❾ Todas as suas bagagens estão aqui?
또-다즈 아스 쑤아스 바가-젱스 이스떠웅 아끼-

❷ 체크인(미예약) 1.

❶ 빈방이 있습니까?

❷ 예약은 못 했습니다.

❸ 싱글룸으로 드릴까요, 더블룸으로 드릴까요?

❹ 싱글룸을 부탁합니다.

❺ 1박에 얼마입니까?

❻ 일주일 동안 묵을 생각입니다.

❼ 욕실(샤워실)이 있는 방을 원합니다.

❽ 조용한 방으로 주세요.

❾ 전망 좋은 방을 부탁합니다.

5. 호텔의 이용!

❶ Tem um quarto disponível?
뗑. 웅 꽈-르뚜 지스뽀니-베우

❷ Não fiz a reserva.
너웅 피스 아 헤제-르바

❸ Quer um apartamento simples ou duplo?
께르 웅 아빠르따멩-뚜 씽-쁠리즈 오우 두-쁠루

❹ Queria um apartamento simples.
께리-아 웅 아빠르따멩-뚜 씽-쁠리스

❺ Quanto custa a diária?
꽝-뚜 꾸-스따 아 지아-리아

❻ Queria ficar uma semana.
께리-아 피까-르 우-마 쎄마-나

❼ Queria um quarto com banheiro.
께리-아 웅 꽈-르뚜 꽁 방예-이루

❽ Queria um quarto tranquilo.
께리-아 웅 꽈-르뚜 뜨랑낄-루

❾ Queria um quarto com vista boa.
께리-아 웅 꽈-르뚜 꽁 비-스따 보아

❸ 체크인(미예약) 2.

❿ 좋은 방 부탁합니다.

⓫ 바다가 보이는 방을 원합니다.

⓬ 아침 식사가 포함되어 있습니까?

⓭ 세금과 봉사료가 포함되어 있습니까?

⓮ 더 싼방은 없습니까?

⓯ 지금 곧 방을 사용할 수 있습니까?

⓰ 체크아웃은 언제입니까?

⓱ 방을 보여 주시겠습니까?

⓲ 이 방으로 하겠습니다.

5. 호텔의 이용!

❿ Queria um quarto bom.
께리-아 웅 꽈-르뚜 봉

⓫ Queria um quarto com vista para o mar.
께리-아 웅 꽈-르뚜 꽁 비-스따 빠-라 우 마르

⓬ Já está incluído o café da manhã?
쟈 이스따- 잉끌루이-두 우 까페- 다 망양-

⓭ Já está incluído o imposto e o serviço?
쟈 이스따- 잉끌루이-두 우 잉뽀-스뚜 이 우 쎄르비-쑤

⓮ Não tem um quarto mais barato?
너웅 뗑 웅 꽈-르뚜 마이스 바라-뚜

⓯ Já posso entrar no quarto?
쟈 뽀-쑤 잉뜨라-르 누 꽈-르뚜

⓰ Até que horas eu preciso desocupar o quarto?
아떼- 끼 오-라즈 에우 쁘레씨-주 데조꾸빠-르 우 꽈-르뚜

⓱ Pode me mostrar um quarto?
뽀-지 미 모스뜨라-르 웅 꽈-르뚜

⓲ Vou ficar com este quarto.
보우 피까-르 꽁 에-스찌 꽈-르뚜

④ 객실의 이용!

❶ 냉방장치는 어떻게 조절합니까?

❷ 식당은 몇 시에 엽니까?

❸ 내 방에서 아침식사를 할 수 있습니까?

❹ 비상구는 어디에 있습니까?

❺ 더운 물이 나오지 않습니다.

❻ 잠깐만 기다려주세요.

❼ 비누(수건)가 없습니다.

o ar condicionado
(우 아르 꽁지씨오나-두) : 냉방장치
o restaurante(우 헤스따우랑-찌) : 식당

5. 호텔의 이용!

❶ Como posso ajustar o ar condicionado?
꼬-무 뽀-쑤 아쥬스따-르 우 아르 꽁지씨오나-두

❷ A que horas abre o restaurante?
아 끼 오-라스 아-브리 헤스따우랑-찌

❸ Posso tomar o café da manhã no quarto?
뽀-쑤 또마-르 우 까페- 다 망양- 누 꽈-르뚜

❹ Onde fica a saída de emergência?
옹-지 피-까 아 싸이-다 지 이메르젱-씨아

❺ Não tem água quente.
너웅 뗑 아-과 껭-찌

❻ Um momento.
웅 모멩-뚜

❼ Não tem toalha(sabonete).
너웅 뗑 또알-랴(싸보네-찌)

o café da manhã(우 까페- 다 망양-)
: 아침식사

o sabonete(우 싸보네-찌) : 비누

앗! 단어장!

❺ 룸서비스의 이용

❶ 룸서비스는 어떻게 부릅니까?

❷ 룸서비스 부탁합니다.

❸ 스크램블 에그 두개와 커피를 부탁합니다.

❹ 방 번호가 어떻게 되십니까?

❺ 여긴 307호실입니다.

❻ 7시 30분에 모닝콜 좀 부탁드릴게요.

❼ 주문한 아침식사가 아직도 오지 않았습니다.

❽ 따끈한 음료수 한 잔 가져다 주세요.

5. 호텔의 이용!

❶ Como faço para chamar o serviço de quarto?
꼬-무 파-쑤 빠-라 샤마-르 우 쎄르비-쑤 지 꽈-르뚜

❷ Serviço de quarto, por favor.
쎄르비-쑤 지 꽈-르뚜 뽀르 파보-르

❸ Queria dois ovos mexidos e um café.
께리-아 도이즈 오-부즈 메쉬-두즈 이 웅 까페-

❹ Qual é o número do seu quarto?
꽈우 에 우 누-메루 두 쎄우 꽈-르뚜

❺ O quarto é 307.
우 꽈-르뚜 에 뜨레젱-뚜즈 이 쎄찌

❻ Poderia me acordar às 7:30, por favor?
뽀데리-아 미 아꼬르다르 아스 쎄-찌 이 메이아 뽀르 파보-르

❼ Ainda não chegou o café da manhã que pedi.
아잉-다 너웅 쉐고-우 우 까페- 다 망양- 끼 뻬지-

❽ Pode me trazer um copo d'água quente, por favor?
뽀-지 미 뜨라제-르 웅 꼬-뿌 다과 껭-찌 뽀르 파보-르

6 프론트의 이용 1.

❶ 제 열쇠를 주십시오.

❷ 내 방 자물쇠가 고장났습니다.

❸ 방에 열쇠를 놓아둔 채 문을 닫았습니다.

❹ 방을 바꾸고 싶습니다.

❺ 이 방은 너무 시끄럽습니다.

❻ 귀중품을 맡아 주시겠습니까?

❼ 이 짐을 좀 보관해 주시겠습니까?

❽ 제 짐을 다시 찾고 싶습니다.

❾ 제게 온 우편물은 없습니까?

5. 호텔의 이용!

❶ A minha chave, por favor.
아 밍-야 샤-비 뿌르 파보-르

❷ A fechadura do meu quarto está quebrada.
아 페샤두-라 두 메우 꽈-르뚜 이스따- 께브라다

❸ Esqueci a chave no quarto.
이스께씨- 아 샤-비 누 꽈-르뚜

❹ Gostaria de mudar de quarto.
고스따리-아 지 무다-르 지 꽈-르뚜

❺ Este quarto é muito barulhento.
에-스찌 꽈-르뚜 에 무-이뚜 바룰엥-뚜

❻ Posso deixar meus artigos de valor aqui?
뽀-쑤 데이샤-르 메우즈 아르찌-구스 지 발로-르 아끼-

❼ Pode guardar a minha bagagem?
뽀-지 과르다-르 아 밍-야 바가-젱

❽ Queria retirar a minha bagagem.
께리-아 헤찌라-르 아 밍-야 바가-젱

❾ Tem alguma correspondência para mim?
뗑 아우구-마 꼬헤스뽕뎅-씨아 빠-라 밍

7 프론트의 이용 2.

❿ 제게 남겨진 메모는 없습니까?

⓫ 이 편지를 항공편으로 부쳐 주시겠습니까?

⓬ 식당은 어디에 있습니까?

⓭ 아침식사는 몇 시에 들 수 있습니까?

⓮ 이 호텔의 주소를 알려 주십시오.

⓯ 하루 더 묵고 싶습니다.

⓰ 하루 일찍 떠나고 싶습니다.

5. 호텔의 이용!

❶ Tem algum recado para mim?
뗑 아우궁- 헤까-두 빠-라 밍

❷ Pode mandar esta carta por via aérea, por favor?
뽀-지 망다-르 에-스따 까-르따 뽀르 비아 아에-리아 뽀르 파보-르

❸ Onde é o restaurante?
옹-지 에 우 헤스따우랑-찌

❹ A que horas posso tomar café da manhã?
아 끼 오-라스 뽀-쑤 또마-르 까페- 다 망양-

❺ Queria o endereço deste hotel, por favor.
께리아- 우 잉데레-쑤 데-스찌 오떼-우 뽀르 파보-르

❻ Gostaria de ficar mais um dia.
고스따리-아 지 피까-르 마이즈 웅 지아

❼ Gostaria de desocupar o quarto um dia antes.
고스따리-아 지 데조꾸빠-르 우 꽈-르뚜 웅 지아 앙-찌스

⑧ 호텔식당의 이용

❶ 식당은 몇 층에 있습니까?

❷ 무엇을 주문하시겠습니까?

❸ 서양식 아침식사 주십시오.

❹ 계란 후라이와 베이컨을 주세요.

❺ 토스트도 주세요.

❻ 물 좀 주시겠습니까?

❼ 카페인 없는 커피 있습니까?

❽ 계산서를 부탁합니다.

❾ 요금을 숙박비에 포함시켜 주시겠습니까?

5. 호텔의 이용!

❶ Em que andar fica o restaurante?
잉 끼 앙다-르 피-까 우 헤스따우랑-찌

❷ O que vai pedir?
우 끼 바이 뻬지-르

❸ Quero um prato ocidental.
께-루 웅 쁘라-뚜 오씨뎅따-우

❹ Queria um ovo frito e bacon, por favor.
께리-아 웅 오-부 프리-뚜 이 베이꽁 뽀르 파보-르

❺ Também umas torradas, por favor.
떠웅벵- 우-마스 또하-다스 뽀르 파보-르

❻ Pode me trazer água, por favor?
뽀-지 미 뜨라제-르 아-과 뽀르 파보-르

❼ Tem café sem cafeína?
뗑 까페-쌩 까페이-나

❽ A minha conta, por favor.
아 밍-야 꽁-따 뽀르 파보-르

❾ Pode incluir na conta do quarto, por favor?
뽀-지 잉글루이르 나 꽁-따 두 꽈-르뚜 뽀르 파보-르

❾ 체크아웃

❶ 내일 아침 일찍 떠나겠습니다.

❷ 오늘밤 안으로 계산서를 준비해 주시겠어요?

❸ 짐을 가지고 내려갈 사람을 보내주세요.

❹ 지금 체크아웃하고 싶습니다.

❺ 숙박비가 어떻게 되죠?

❻ 307호의 김민수입니다.

❼ 여행자수표 받습니까?

❽ 여기 제 방 열쇠입니다.

❾ 제 짐은 내려왔습니까?

5. 호텔의 이용!

❶ Vou partir amanhã de manhã cedo.
보우 빠르찌-르 아망양- 지 망양- 쎄-두

❷ Poderia fechar a minha conta ainda hoje, por favor?
뽀데리-아 페샤-르 아 밍-야 꽁-따 아잉-다 오-쥐 뽀르 파보-르

❸ Pode me mandar um carregador, por favor?
뽀-지 미 망다-르 웅 까헤가도-르 뽀르 파보-르

❹ Check-out, por favor.
체까-우찌 뽀르 파보-르

❺ Quanto devo pagar?
꽝-뚜 데-부 빠가-르

❻ Sou Minsu Kim do quarto 307.
쏘우 민수 김 두 꽈-르뚜 뜨레젱-뚜스 이 쎄-찌

❼ Aceitam Travel cheque?
아쎄-이떠웅 뜨레블 쉐-끼

❽ Aqui está a chave do meu quarto.
아끼- 이스따- 아 샤-비 두 메우 꽈-르뚜

❾ Já trouxeram minha bagagem?
쟈 뜨로우쎄-러웅 밍-야 바가-젱

⑩ 유스호스텔 이용 1.

❶ 유스호스텔로 가는 길 좀 알려주시겠습니까?

❷ 걸어서 얼마나 걸립니까?

❸ 어느 버스를 타야합니까?

❹ 여기서 오늘 밤 묵을 수 있습니까?

❺ 오늘 밤 3인용 객실이 있습니까?

❻ 1박에 얼마입니까?

❼ 3일간 머무르고 싶습니다.

❽ 시트를 빌려 주십시오.

❾ 아침식사는 얼마입니까?

5. 호텔의 이용!

❶ Como posso chegar no albergue, por favor?
꼬-무 뽀-쑤 쉐가-르 누 아우베-르기 뽀르 파보-르

❷ Quanto tempo leva a pé até lá?
꽝-뚜 뗑-뿌 레-바 아 뻬 아떼- 라

❸ Qual ônibus devo pegar?
꽈우 오-니부스 데부 뻬가-르

❹ Posso ficar esta noite aqui?
뽀-쑤 피까-르 에-스따 노-이찌 아끼-

❺ Tem um quarto com três camas?
뗑 웅 꽈-르뚜 꽁 뜨레스 까-마스

❻ Quanto é por uma noite?
꽝-뚜 에 뽀르 우-마 노-이찌

❼ Quero ficar 3 dias.
께-루 피까-르 뜨레스 지아스

❽ Pode me emprestar um lençol, por favor?
뽀-지 미 잉쁘레스따-르 웅 렝쏘-우 뽀르 파보-르

❾ Quanto é o café da manhã?
꽝-뚜 에 우 까페- 다 망양-

⑪ 유스호스텔 이용 2.

❿ 취사를 할 수 있습니까?

⓫ 냄비를 빌려 주십시오.

⓬ 짐을 이곳에 놓아도 됩니까?

⓭ 짐은 어디에 보관하면 됩니까?

⓮ 옷장은 어디 있습니까?

⓯ 주의해야 할 사항이 있습니까?

⓰ 시내 지도는 있습니까?

앗! 단어장!

cozinhar(꼬징야-르) : 요리하다
emprestar(잉쁘레스따-르) : 빌려주다
colocar(꼴로까-르) : 놓다

5. 호텔의 이용!

❿ Posso preparar a comida aqui?
뽀-쑤 쁘레빠라-르 아 꼬미-다 아끼-

⓫ Pode me emprestar uma panela?
뽀-지 미 잉쁘레스따-르 우-마 빠넬-라

⓬ Posso colocar a minha bagagem aqui?
뽀-쑤 꼴로까-르 아 밍-야 바가-젱 아끼-

⓭ Onde posso guardar minha bagagem?
옹-지 뽀-쑤 과르다-르 밍-야 바가-젱

⓮ Onde fica o guarda-roupa?
옹-지 피-까 우 과-르다 호-우빠

⓯ Há algum regulamento?
아 아우궁- 헤굴라멩-뚜

⓰ Tem um mapa da cidade?
뗑 웅 마-빠 다 씨다-지

o guarda-roupa(우 과-르다 호-우빠)
: 옷장

a cidade(아 씨다-지) : 시내

앗! 단어장!

➕ 호텔 관련 단어들!

호텔	o hotel 우 오떼-우
프론트데스크	a recepção 아 헤쎕써-옹
숙박신고서	a ficha de registro 아 피-샤 지 헤지-스뜨루
지배인	o gerente 우 제렝-찌
회계원	o caixa 우 까-이샤
손님	o hóspede 우 오-스뻬지
손님	o cliente 우 끌리엥-찌
1인실	o apartamento simples 우 아빠르따멩-뚜 씽-쁠리스
2인실	o apartamento com camas separadas 우 아빠르따멩-뚜 꽁 까-마스 쎄빠라-다스
부부용객실	o apartamento duplo 우 아빠르따멩-뚜 두-쁠루
전망 좋은 방	o quarto com vista boa 우 꽈-르뚜 꽁 비-스따 보아
조용한 방	o quarto tranquilo 우 꽈-르뚜 뜨랑낄-루
난방	o aquecedor 우 아께쎄도-르
냉방	o ar condicionado 우 아르 꽁지씨오나-두
방열쇠	a chave do quarto 아 샤비 두 꽈-르뚜
계산서	a conta 아 꽁-따
영수증	o recibo 우 헤씨-부
금고	o cofre 우 꼬-프리

5. 호텔의 이용!

욕실	**o banheiro**	우 방예-이루
욕조	**a banheira**	아 방예-이라
샤워	**o chuveiro**	우 슈베-이루
비누	**o sabonete**	우 싸보네-찌
목욕타월	**a toalha de corpo** 아 또알-랴 지 꼬-르뽀	
수건	**a toalha de rosto** 아 또알-랴 지 호-스뚜	
핸드타월	**a toalha** 아 또알-야	
화장실	**o toalete** 우 또알레-찌	
세면대	**o lavatório** 우 라바또-리우	
휴지	**o papel higiênico** 우 빠뻬-우 이쥐에-니꾸	
비상구	**a saída de emergência** 아 싸이-다 지 이메르젱-씨아	
지하실	**o pavimento** 우 빠비멩-뚜	
복도	**o corredor** 우 꼬헤도-르	
1층	**o primeiro andar** 우 쁘리메-이루 앙다-르	
2층	**o segundo andar** 우 쎄궁-두 앙다-르	
엘리베이터	**o elevador** 우 엘레바도-르	
층계	**a escada** 아 이스까-다	
로비	**o saguão** 우 싸구어-웅	
행사장	**a sala de recepção** 아 쌀라 지 헤쎕써-웅	

빠르게 찾고 쉽게 말하는 여행회화! 여러분의 여행을 보다 즐겁고 편안하게 만들어 드립니다!!

잠깐! 숙소 정보!

✚ 유스호스텔 정보!

유스호스텔(**Youth hostel**)은 저렴한 숙박비와 깨끗한 시설로 여러 나라를 여행하는 여행객에게는 더없이 훌륭한 숙소입니다. (유스호스텔에서는 팁이 없습니다.)
유스호스텔의 이용을 위한 주요규칙으로는 ⓐ 호스텔 내에서는 금주, 금연! ⓑ 시간엄수! (도착은 20:30까지, 출발은 10:00까지, 또 질병이나 날씨가 나쁠 때를 제외하고 10:00~15:00 사이에는 호스텔 안에 체류할 수 없음) ⓒ 같은 호스텔에 3일 이상 숙박불가! 등이 있습니다.
유스호스텔의 소재지, 요금, 개장시간과 휴관일 등을 자세히 수록한 국제유스호스텔핸드북(**International Youth Hostel Handbook**)을 참고하십시오.. (핸드북은 유스호스텔연맹에서 구입하실 수 있습니다.)

✚ 호텔에서의 아침식사!

호텔의 아침식사는 보통 미국식과 유럽식의 두가지로 나눌 수 있습니다. **American breakfast**(어메리칸 브렉훠스트)는  토스트에 커피, 오렌지쥬스, 소세지나 햄 또는 베이컨 등을 주는 것이며, 유럽식 **Continental breakfast**(컨티넨틀 브렉훠스트)는 빵 한 조각과 커피 한 잔만을 제공하는 것을 말합니다. 따라서 아침에도 비교적 식사를 많이 하는 우리 한국사람들에게는 **American breakfast**로 하는 것이 더 나을 것입니다. 보통 수박, 파파이야 등의 열대과일을 함께 제공합니다.

6. 식당과 요리!

❶ 브라질의 음식!

브라질 요리에는 전통과 역사가 담겨 있습니다. 식민지 시대를 겪으면서 이룩한 독특한 문화가 강, 바다와 접해 있는 지리적인 영향과 광대한 영토로 인해 열대, 온대, 아열대 등의 여러 기후대에 해당되어서 과일, 야채, 특산물이 풍부한 점과 더해져서 지방마다 특색있는 음식들로 발전해 왔습니다.

브라질인들은 고기를 많이 먹고 음식들은 소금을 많이 사용하기 때문에 짠맛이 강하며, 올리브유를 많이 사용합니다. 그 이유는 더운 지방이므로 땀으로 빠져나간 염분을 보충하고 식물성 지방을 섭취하기 위해서입니다.

주문과 식사법!

브라질 음식은 기후와 풍토에 맞게 지역별로 특징이 있습니다. 우선 아마조나스와 아마빠 지역이 있는 북부는 인디언들이 많이 살고 있으며, 말린 새우와 양파, 토마토, 실란트로, 오크라를 냄비에 모두 넣고 끓여서 만든 요리가 제일 유명합니다. 리오그란지두노르찌가 있는 북동부 지역은 건조 지역이므로 소를 많이 키우며, 바다와 인접해 있어서 해산물 또한 풍부하여 이러한 재료를 이용한 음식들이 많이 있습니다. 중서부 지역은 건조한 사바나 기후로서 넓은 목축지에서 키우는 소와 돼지, 강에서 잡히는 물고기, 그리고 작물로 망지오까와 쌀, 옥수수 등을 넣어 만든 음식들이 있습니다. 마지막으로 남부 지방은 육류가 풍부하기 때문에 이것을 이용한 슈하스꾸(Churrasco), 페이주아다(FeiJoada)같은 요리들을 만들어 먹습니다.

브라질의 전통 음식으로 페이주아다와 슈하스꾸가 있습니다. 페이주아다는 돼지 뼈, 발, 귀와 검은 콩을 오래도록 끓여서 만든 음식으로 예전에 흑인 노예들이 주인들이 먹지 않는 부분인 돼지의 귀나, 꼬리 같은 부분을 넣고 끓여서 먹은 것에서 유래한다고 합니다. 그러나 지금은 전국민적으로 사랑받는 음식이 되었으며, 칼로리가 높고 소화되는데 오랜 시간이 걸리므로 주로 수요일과 토요일의 점심으로 먹습니다. 슈하스꾸는 결혼식이나, 축제 등의 특별한 날에 어느 집이던지 간에 빠지지 않는 요리로서, 쇠고기, 돼지고기 등의 육류를 소금과 양파, 레몬으로 양념하여 긴 꼬챙이에 끼워서 구운 바베큐 요리입니다.

브라질은 세계 제 1위의 커피 산지로서도 유명한데, 커피 재배에 알맞은 기후와 토양을 갖추고 있어서 세계적으로 질 좋은 커피가 생산됩니다.

6. 식당과 요리

❷ 포르투갈 음식!

포르투갈 음식은 생선요리, 돼지고기 요리가 맛이 있습니다. 지리적인 영향으로 바다와 접해 있어서 풍부한 해산물을 이용한 해산물 요리가 발달했으며 육류는 쇠고기, 돼지고기 모두 사용하지만 돼지고기를 이용한 요리가 더 많습니다.

포르투갈 요리는 스프인 소빠(Sopa), 주요리에서 생선요리인 뻬이쉬(Peixe)와 육류요리인 까르드(Carne), 그리고 디저트인 소브르메자(Sobremesa)로 나뉩니다.

식당의 종류로는 우선 최고급 요리를 즐길 수 있는 레스토랑이 있는데, 레스토랑의 등급은 레스토랑 밖에 표시되어 있는 포크 수로 나타내며 포크의 수가 많을수록 고급 레스토랑입니다. 이러한 곳에서는 테이블 위에 있는 올리브 유나 마가린을 사용할 때에도 추가요금이 붙습니다.

따스까(Tasca)와 따베르나(Taberna)는 레스토랑보다는 저렴한 비용으로 식사를 즐길 수 있는 곳입니다.

빠스뗄라리아(Pastelaria)는 진열되어 있는 음식을 골라서 서서 먹거나 자리에 앉아서 주문을 해서 먹을 수도 있는 곳인데 서서 먹을 경우 좀 더 저렴하게 한끼 식사를 해결할 수 있습니다.

세르베자리아(Cervejaria)는 우리의 맥주집과 같은 것으로서 밤 늦게까지 영업을 합니다.

① 식당의 예약!

❶ 거기 예약이 필요합니까?

❷ 오늘 저녁 4인석을 예약하고 싶습니다.

❸ 알겠습니다. 성함을 말씀해 주세요.

❹ 제 이름은 김민수입니다.

❺ 몇 분이십니까?

❻ 일행이 여섯 명입니다.

❼ 정장 차림을 해야하나요?

6. 식당과 요리

❶ Precisamos fazer a reserva?
쁘레씨자-무스 파제-르 아 헤제-르바

❷ Queria reservar uma mesa para 4 para hoje à noite.
께리-아 헤제르바-르 우-마 메-자 빠-라 꽈-뜨루 빠-라 오-쥐 아 노-이찌

❸ Sim. Qual é o seu nome?
씽 꽈우 에 우 쎄우 노-미

❹ Meu nome é Minsu Kim.
메우 노-미 에 민수 김

❺ Quantas pessoas?
꽝-따스 뻬쏘-아스

❻ Somos 6.
쏘무스 쎄이스

❼ Precisamos usar uma roupa formal?
쁘레씨자-무스 우자-르 우-마 호-우빠 포르마-우

❷ 식당 미예약시!

❶ 안녕하십니까? 몇분이시죠?

❷ 세명입니다.

❸ 잠시 여기 기다려 주십시오.

❹ 창가쪽 좌석으로 해 주세요.

❺ 기다려도 되겠습니까?

❻ 얼마나 기다려야 합니까?

❼ 테이블이 마련되어 있습니다.

앗! 단어장!

o senhor(우 씽요-르): 님, 씨
esperar(이스뻬라-르) : 기다리다
sentar(쌩따-르) : 앉다

6. 식당과 요리

❶ Boa noite. Quantas pessoas, senhor?
보아 노-이찌 꽝-따스 뻬쏘-아스 씽요-르

❷ Três.
뜨레스

❸ Esperem um momento aqui, por favor.
이스뻬-렝 웅 모멩-뚜 아끼- 뽀르 파보-르

❹ Preferimos uma mesa perto da janela.
쁘레페리-무스 우-마 메-자 뻬-르뚜 다 쟈넬-라

❺ Podem esperar um pouco?
뽀-뎅 이스뻬라-르 웅 뽀-우꾸

❻ Quanto tempo temos que esperar?
꽝-뚜 뗑-뿌 떼-무스 끼 이스뻬라-르

❼ Temos uma mesa para os senhores.
떼-무즈 우-마 메-자 빠-라 우스 씽요-리스

perto(뻬-르뚜) : 가까이

a janela(아 쟈넬-라) : 창문

a mesa(아 메-자) : 좌석

앗! 단어장!

❸ 식사의 주문!

❶ 메뉴를 보여 주십시오.

❷ 이것으로 주세요.

❸ 뭐 추천 할 만한 음식이 있습니까?

❹ 오늘의 특별요리는 무엇입니까?

❺ 나는 바닷가재 요리를 먹겠어요.

❻ 오늘의 특별요리를 먹겠습니다.

❼ 가벼운 걸로 하겠습니다.

❽ 스테이크를 어떻게 익혀드릴까요?

❾ 조금만 익혀주세요.

6. 식당과 요리

❶ O cardápio, por favor.
우 까르다-삐우 뽀르 파보-르

❷ Vou pedir este.
보우 뻬지-르 에-스찌

❸ O que me sugere?
우 끼 미 쑤제-리

❹ Qual é o prato do dia?
꽈우 에 우 쁘라-뚜 두 지아

❺ Gostaria de pedir a lagosta.
고스따리-아 지 뻬지-르 아 라고-스따

❻ Quero o prato do dia.
께-루 우 쁘라-뚜 두 지아

❼ Quero um prato leve.
께-루 웅 쁘라-뚜 레-비

❽ Como o senhor quer o seu bife?
꼬-무 우 씽요르-르 께르 우 쎄우 비-피

❾ Mal passado, por favor.
마우 빠싸-두 뽀르 파보-르

④ 주문의 선택 1.

❶ 수프로 주세요.

❷ 샐러드로 주세요.

❸ 어떤 드레싱을 좋아하십니까?

❹ 어떤 종류들이 있는데요?

❺ 비나그레찌를 주세요.

❻ 프렌치드레싱으로 하겠습니다.

❼ 감자는 어떤 것으로 드시겠어요?

❽ 감자튀김으로 주세요.

❾ 구운 감자로 주세요.

6. 식당과 요리

❶ A sopa, por favor.
아 쏘-빠 뽀르 파보-르

❷ A salada, por favor.
아 쌀라-다 뽀르 파보-르

❸ Que tipo de molho gostaria?
끼 찌-뿌 지 몰-류 고스따리-아

❹ Que tipo de molho vocês têm?
끼 찌-뿌 지 몰-류 보쎄-스 뗑

❺ Vinagrete, por favor.
비나그레-찌 뽀르 파보-르

❻ Molho francês, por favor.
몰-유 프랑쎄-스 뽀르 파보-르

❼ Como o senhor gostaria a sua batata?
꼬-무 우 씽요-르 고스따리-아 아 쑤아 바따-따

❽ Batata frita, por favor.
바따-따 프리-따 뽀르 파보-르

❾ Batata assada, por favor.
바따-따 아싸-다 뽀르 파보-르

❺ 주문의 선택 2.

❿ 디저트는 무엇으로 드시겠습니까?

⓫ 바닐라 아이스크림으로 주세요.

⓬ 홍차로 주세요.

⓭ 디저트는 생략할게요.

⓮ 더 주문할 것이 있습니까?

⓯ 커피를 더 드시겠어요?

⓰ 네, 부탁합니다.

a sobremesa(아 쏘브리메-자) : 디저트
a baunilha(아 바우닐-야) : 바닐라
o sorvete(우 쏘르베-찌) : 아이스크림

앗! 단어장!

6. 식당과 요리

❿ Qual sobremesa o senhor gostaria?
꽈-우 쏘브리메-자 우 씽요르 고스따리-아

⓫ Quero um sorvete de baunilha.
께-루 웅 쏘르베-찌 지 바우닐-야

⓬ Gostaria de um chá preto.
고스따리-아 지 웅 샤 쁘레-뚜

⓭ Não, obrigado.
너웅 오브리가-두

⓮ Gostaria de mais alguma coisa?
고스따리-아 지 마이즈 아우구-마 꼬-이자

⓯ Gostaria de mais café?
고스따리-아 지 마이스 까페-

⓰ Sim, por favor.
씽 뽀르 파보-르

tomar(또마-르) : 마시다
querer(께레-르) : 원하다
mais(마이스) : 좀 더

앗! 단어장!

❻ 식사시의 표현!

❶ 주문한 요리가 아직 안나왔습니다.

❷ 이것은 내가 주문한 것이 아닙니다.

❸ 이 요리는 어떻게 먹는거죠?

❹ 스푼을 떨어뜨렸습니다.

❺ 소금을 건네주세요.

❻ 물 좀 주세요.

❼ 빵을 조금 더 주세요.

앗! 단어장!

o pedido(우 뻬지-두) : 주문
ainda(아잉-다) : 아직
comer(꼬메-르) : 먹다

6. 식당과 요리

❶ Ainda não saiu o que pedi.
아잉-다 너웅 싸이-우 우 끼 뻬지-

❷ Este não é o que pedi.
에-스찌 너웅 에 우 끼 뻬지-

❸ Como se come este prato?
꼬-무 씨 꼬-미 에-스찌 쁘라-뚜

❹ Deixei cair a colher.
데이쉐-이 까이-르 아 꼴예-르

❺ Passe o sal para mim, por favor.
빠-씨 우 싸우 빠-라 밍 뽀르 파보-르

❻ Água, por favor.
아-과 뽀르 파보-르

❼ Mais pão, por favor.
마이스 뻐웅 뽀르 파보-르

a colher(아 꼴예-르) : 스푼

o sal(우 싸우) : 소금

o pão(우 뻐웅) : 빵

앗! 단어장!

❼ 식당을 찾을 때!

❶ 무엇을 좀 먹고 싶습니다.

❷ 근처에 맛있는 레스토랑이 있습니까?

❸ 이 지방의 명물 요리를 먹고 싶습니다.

❹ 나는 프랑스 요리를 먹고 싶습니다.

❺ 이 근처에 중국 음식점은 없습니까?

❻ 중국 음식점으로 갑시다.

❼ 이 자리에 앉아도 됩니까?

❽ 메뉴를 보여 주십시오.

❾ 영어 메뉴가 있습니까?

6. 식당과 요리

❶ Quero algo para comer.
께-루 아-우구 빠-라 꼬메-르

❷ Há um bom restaurante por aqui?
아 웅 봉 헤스따우랑-찌 뽀르 아끼-

❸ Quero comer um prato típico da região.
께-루 꼬메-르 웅 쁘라-뚜 찌-삐꾸 다 헤지어-웅

❹ Quero um prato francês.
께-루 웅 쁘라-뚜 프랑쎄-스

❺ Tem um restaurante chinês por perto?
뗑 웅 헤스따우랑-찌 쉬네-스 뽀르 뻬-르뚜

❻ Vamos para um restaurante chinês.
바-모스 빠-라 웅 헤스따우랑-찌 쉬네-스

❼ Posso sentar aqui?
뽀-쑤 쌩따-르 아끼-

❽ Quero ver o cardápio, por favor.
께-루 베-르 우 까르다-삐우 뽀르 파보-르

❾ Tem o menu em inglês?
뗑 우 메누- 잉 잉글레-스

8 패스트푸드점

❶ 빅맥 햄버거와 콜라 한잔 주세요.

❷ 햄 샌드위치 하나와 오렌지 쥬스를 주세요.

❸ 치즈버거 주세요.

❹ 마실 건 뭘로 드릴까요?

❺ 레모나다 주세요.

❻ 커피로 하겠어요.

❼ 더 주문하실 것은 없으십니까?

❽ 네, 그게 다예요.

❾ 여기서 드실건가요, 가지고 가실건가요?

6. 식당과 요리

❶ Um Bic Mac e uma coca, por favor.
웅 비끼 매끼 이 우-마 꼬-까 뽀르 파보-르

❷ Um sanduíche de presunto e um suco de laranja, por favor.
웅 쌍두이-쉬 지 쁘레중-뚜 이 웅 쑤-꾸 지 라랑-쟈 뽀르 파보-르

❸ Um cheeseburger, por favor.
웅 쉬-즈부르거르 뽀르 파보-르

❹ Algo para beber?
아-우구 빠-라 베베-르

❺ Uma limonada, por favor.
우-마 리모나-다 뽀르 파보-르

❻ Um café, por favor.
웅 까페- 뽀르 파보-르

❼ O que mais?
우 끼 마이스

❽ É tudo.
에 뚜-두

❾ Para comer aqui ou para viagem?
빠-라 꼬메-르 아끼- 오우 빠-라 비아-젱

❾ 식사비의 계산!

❶ 계산서 부탁합니다.

❷ 계산서에 봉사료까지 포함되어 있습니까?

❸ 각자 냅시다.

❹ 내가 지불하겠습니다.

❺ 외국돈 받습니까?

❻ 비자카드를 받나요?

❼ 거스름 돈이 틀립니다.

앗! 단어장!

a conta(아 꽁-따)) : 계산서
o garçom(우 가르쏘-웅) : 웨이터
a garçonete(아 가르쏘네-찌) : 웨이트리스

6. 식당과 요리

❶ A conta, por favor.
아 꽁-따 뽀르 파보-르

❷ O serviço está incluído na conta?
우 쎄르비-쑤 이스따- 잉끌루이-두 나 꽁-따

❸ Cada um paga o seu.
까-다 웅 빠-가 우 쎄우

❹ Deixe-me pagar.
데-이쉬 미 빠가-르

❺ Aceitam moeda estrangeira?
아쎄-이떠웅 모에-다 이스뜨랑제-이라

❻ Aceitam o cartão VISA?
아쎄-이떠웅 우 까르떠-웅 비자

❼ A conta está errada.
아 꽁-따 이스따- 에하-다

앗! 단어장!

a gorjeta (아 고르제-따) : 봉사료
o almoço (우 아우모-쑤) : 점심식사
o jantar (우 쟝따-르) : 저녁식사

➕ 식사 관련 단어들!

◐ 식당 관련 단어표현

식당	**o restaurante**	우 헤스따우랑-찌
식사	**a refeição**	아 헤페이써-웅
주문	**o pedido**	우 뻬지-두
메뉴	**o menu**	우 메누-
아침식사	**o café da manhã**	우 까페- 다 망양-
점심식사	**o almoço**	우 아우모-쑤
저녁식사	**o jantar**	우 쟝따-르
양식	**o prato ocidental**	우 쁘라-뚜 오씨뎅따-우
프랑스요리	**o prato francês**	우 쁘라-뚜 프랑쎄-스
중국요리	**o prato chinês**	우 쁘라-뚜 쉬네-스
향토요리	**o prato da região**	우 쁘라-뚜 다 헤지어-웅

◐ 요리 관련 단어표현

식전술	**o aperitivo**	우 아뻬리찌-부

6. 식당과 요리

한국어	포르투갈어	발음
전채요리	o petisco	우 뻬찌-스꾸
전채요리	a entrada	아 잉뜨라-다
샐러드	a salada	아 쌀라-다
수프	a sopa	아 쏘-빠
닭고기수프	a canja	아 깡-쟈
주요리	o prato principal	우 쁘라-뚜 쁘링씨빠-우
밥	o arroz	우 아호-스
빵	o pão	우 뻐웅
통밀빵	o pão integral	우 뻐웅 잉떼그라-우
간식	o lanche	우 랑-쉬
고기	a carne	아 까-르니
스테이크	o bife	우 비-피
돼지고기	a carne de porco	아 까르니 지 뽀-르꾸
닭고기	o frango	우 프랑-구
생선	o peixe	우 뻬-이쉬
양고기	o carneiro	우 까르네-이루
해물요리	o fruto do mar	우 프루-뚜 두 마르
바다가재	a lagosta	아 라고-스따
게	o caranguejo	우 까랑게-쥬

➕ 식사 관련 단어들!

새우	**o camarão**	우 까마러-웅
조개	**o marisco**	우 마리-스꾸
굴	**a ostra**	아 오-스뜨라

◐ 디저트 관련 단어표현

디저트	**a sobremesa**	아 쏘브리메-자
푸딩	**o pudim**	우 뿌징-
파이	**o pastel**	우 빠스떼-우
케익	**o bolo**	우 볼-루
아이스크림	**o sorvete**	우 쏘르베-찌
초컬릿	**o chocolate**	우 쇼꼴라-찌
커피	**o café**	우 까페-
우유	**o leite**	우 레-이찌
차	**o chá**	우 샤
레몬수	**a limonada**	아 리모나-다
소다수	**a soda**	아 쏘-다
코카콜라	**a coca**	아 꼬-까
음료수	**a bebida**	아 베비-다
과일주스	**o suco de fruta**	우 쑤-꾸 지 프루-따

6. 식당과 요리

청량음료	**o refrigerante**	우 헤프리제랑-찌
접시	**o prato**	우 쁘라-뚜
나이프(칼)	**a faca**	아 파-까
포크	**o garfo**	우 가-르푸
숟가락	**a colher**	아 꼴예르
젓가락	**os pauzinhos**	우스 빠우징-유스
냅킨	**o guardanapo**	우 과르다나-뿌
이쑤시개	**o palito**	우 빨리-뚜
재털이	**o cinzeiro**	우 씽제-이루

◐ 기타 식사 관련 단어표현

계산서	**a conta**	아 꽁-따
서비스요금	**a taxa de serviço**	아 따샤 지 쎄르비-쑤
팁	**a gorjeta**	아 고르제-따
웨이터	**o garçom**	우 가르쏘-웅
웨이트레스	**a garçonete**	아 가르쏘네-찌

⑩ 주점의 이용!

❶ 무엇을 드시겠습니까?

❷ 스카치 위스키에 얼음을 넣어 주세요.

❸ 칵테일 한잔 부탁합니다.

❹ 와인 리스트를 부탁합니다.

❺ 이 지방의 포도주를 먹겠습니다.

❻ 맥주 주세요.

❼ 건배할까요?

앗! 단어장!

beber(베베-르) : 마시다
a cerveja(아 쎄르베-쟈) : 맥주
o coquetel(우 꼬끼떼-우) : 칵테일

6. 식당과 요리

❶ O que quer beber?
우 끼 께르 베베-르

❷ Um uísque com gelo, por favor.
웅 우이-스끼 꽁 젤-루 뽀르 파보-르

❸ Um coquetel, por favor.
웅 꼬끼떼-우 뽀르 파보-르

❹ A carta de vinhos, por favor.
아 까-르따 지 빙-유스 뽀르 파보-르

❺ Gostaria de provar o vinho da região.
고스따리-아 지 쁘로바-르 우 빙-유 다 헤지어-웅

❻ Uma cerveja, por favor.
우-마 쎄르베-쟈 뽀르 파보-르

❼ Vamos fazer um brinde?
바-모스 파제-르 웅 브링-지

a carta de vinhos(우 메누 지 빙-유스)
: 와인 리스트

o brinde(우 브링-지) : 건배

앗! 단어장!

➕ 주점 관련 단어들!

한국어	포르투갈어	발음
술집(목로주점)	**o bar**	우 바르
맥주집	**a cervejaria**	아 쎄르베쟈리-아
생맥주집	**a choperia**	아 쇼뻬리-아
포도주	**o vinho**	우 빙-유
백포도주	**o vinho branco**	우 빙-유 브랑-꾸
적포도주	**o vinho tinto**	우 빙-유 띵-뚜
단맛이 없는 포도주	**o vinho seco**	우 빙-유 쎄-꾸
단맛이 있는 포도주	**o vinho doce**	우 빙-유 도-씨
꼬냑	**o conhaque**	우 꽁야-끼
샴페인	**a champanha**	아 샹빵-야
위스키	**o uísque**	우 우이-스끼
럼	**o rum**	우 훙
진	**o gim**	우 징
보드카	**a vodca**	아 보-지까
테킬라	**a tequila**	아 떼낄-라
맥주	**a cerveja**	아 쎄르베-쟈
생맥주	**o chope**	우 쇼-삐
캔맥주	**a lata de cerveja**	아 라-따 지 쎄르베-쟈
병맥주	**a garrafa de cerveja**	아 가하-파 지 쎄르베-쟈
칵테일	**o coquetel**	우 꼬끼떼-우

7. 쇼핑용 회화!

❶ 쇼핑 요령!

쇼핑은 미리 목록을 작성해서 하는 것이 좋습니다. 산지와 상점가의 위치도 미리 조사해 두도록 합니다. 구매물품에 대한 정보, 그러니까 어느 점포가 싸다든지, 어느 곳에서 좋은 물건을 살 수 있는 지 등에 대해서도 미리 조사를 해 둡니다.

쇼핑 노하우!!!

❷ 면세점의 이용!

양주, 담배, 향수 등은 공항의 면세점(**Duty Free Store**)에서 사는 것이 경제적입니다. 면세점에서 산 물품은 배송되어 항공기 탑승구에서 받으실 수 있습니다. 시중 면세점에서 물건을 살 때는 여권을 제시해야 하며, 공항 면세점에서는 탑승권을 보여 주어야 합니다.

❸ 부가가치세 환불!

관광객을 많이 유치하기 위해 대부분의 상점들이 외국 여행객에 대해 부가세를 환불해 주거나 면세해줍니다. 이런 혜택을 받기 위해서는 구매 직전 외국 관광객임을 미리 밝히고, 면세신청서를 작성해 점원에게 제출을 합니다. 이렇게 하면 출국시 환불수속을 거쳐 환불 받을 수 있습니다.

❹ 유용한 쇼핑법!

가장 권장할 만한 쇼핑법으로 시장이나 주말공터에서 열리는 벼룩시장이 있습니다. 우리의 장터같은 정겨움을 느낄 수 있고, 값싸게 구매할 수 있다는 것 외에도 지역의 문화가 담겨 있는 진귀한 물건들을 한자리에서 만날 수 있어 더 없이 훌륭한 쇼핑장소라고 하겠습니다. 벼룩시장 정보는 여행안내소의 안내지나 지역신문

7. 쇼핑용 회화

에 날짜가 공고되며, 주말에는 길거리에도 전단이 붙어 있어 장소를 쉽게 알 수 있습니다.

✚ 브라질의 특산품!

브라질은 커피, 가죽제품, 그리고 다이아몬드, 옥, 사파이어, 루비 등의 보석류가 유명합니다. 각종 보석류가 많이 생산될 뿐만 아니라, 원석에서부터 최고급의 보석 장식품에 이르기까지 저렴하게 구입할 수 있습니다. 그러나 일반인이 보석을 구입할 때에는 세공정도나 흠집여부를 판별할 수 없으므로 보석 전문가를 통해 구입하도록 합니다. 또한 흠집이 있는 보석류는 장신구로 만들어져서 길거리에서 팔고 있으므로 저렴하게 구입하도록 합니다.

✚ 포르투갈의 특산품!

포르투갈에는 여러가지 코르크 제품과 도자기류, 민속인형, 자수, 금은 세공품, 와인 등의 특산물이 있습니다. 같은 종류라 할지라도 생산 지방에 따라 품질과 가격이 다르며 가게에 따라 똑같은 상품의 가격이 차이가 날 수 있으므로 여러 곳을 비교한 후 구입하도록 합니다.

빠르게 찾고 쉽게 말하는 여행회화! 여러분의 여행을 보다 즐겁고 편안하게 만들어 드립니다!!

① 쇼핑하는 법! 1.

❶ 이 거리에는 상가가 어디쯤 있습니까?

❷ 그냥 아이쇼핑하는 거예요.

❸ 이것과 같은 것이 있습니까?

❹ 저것 좀 보여 주시겠어요?

❺ 이건 뭐 하는데 쓰는 거지요?

❻ 이것은 남성용입니까?

❼ 좀 더 좋은 것은 없습니까?

❽ 입어 봐도 될까요?

❾ 구두 신어 봐도 될까요?

7. 쇼핑용 회화

❶ Onde é o centro comercial da cidade?
옹-지 에 우쌩-뜨루 꼬메르씨아-우 다 씨다-지

❷ Estou só olhando.
이스또-우 쏘 올량-두

❸ Tem outro igual a este?
뗑 오-우뜨루 이과-우 아 에-스찌

❹ Posso ver aquele?
뽀-쑤 베르 아깰-리

❺ Para que serve isso?
빠-라 끼 쎄-르비 이-쑤

❻ É para homens?
에 빠-라 오-멩스

❼ Não tem outro melhor?
너웅 뗑 오-우뜨루 멜요-르

❽ Posso provar?
뽀-쑤 쁘로바-르

❾ Posso experimentar os sapatos?
뽀-쑤 이스뻬리멩따-르 우스 싸빠-뚜스

❷ 쇼핑하는 법! 2.

❿ 좀 더 큰 것은 없습니까?

⓫ 영업시간은 몇 시부터 몇 시까지입니까?

⓬ 이거 더 적은 사이즈 있습니까?

⓭ 이 바지는 허리둘레가 너무 꽉 낍니다.

⓮ 이 바지는 헐렁합니다.

⓯ 내겐 기장이 너무 깁니다.

⓰ 다른 색상은 없나요?

앗! 단어장!

maior(마이오-르) : 좀 더 큰
a hora(아 오-라) : 시간
o tamanho(우 따망-유) : 사이즈

7. 쇼핑용 회화

❿ Não tem outro maior que este?
너웅 뗑 오-우뜨루 마이오-르 끼 에-스찌

⓫ Qual é o horário comercial?
꽈-우 에 우 오라-리우 꼬메르씨아-우

⓬ Tem outro menor?
뗑 오-우뜨루 메노-르

⓭ Esta calça está muito apertada no quadril.
에-스따 까-우싸 이스따- 무-이뚜 아뻬르따-다 누 꽈드리-우

⓮ Esta calça está muito folgada.
에-스따 까-우싸 이스따- 무-이뚜 포우가-다

⓯ A calça é muito comprida para mim.
아 까-우싸 에 무-이뚜 꽁쁘리-다 빠-라 밍

⓰ Tem outro em outra cor?
뗑 오-우뜨루 잉 오-우뜨라 꼬르

muito(무-이뚜) : 매우
curto(꾸-르뚜) : 짧은
comprido(꽁쁘리-두) : 긴

앗! 단어장!

❸ 물건값을 낼 때!

❶ 좋습니다. 이것으로 주세요.

❷ 전부 합해서 얼마입니까?

❸ 너무 비쌉니다.

❹ 보다 싼 것은 없습니까?

❺ 조금만 더 싸게 해 주시겠어요?

❻ 어떻게 지불하시겠습니까?

❼ 크레디트 카드를 받습니까?

bom(봉) : 좋은
juntos(중-뚜스) : 함께

앗! 단어장!

7. 쇼핑용 회화

❶ Gostei. Vou levar este.
고스떼-이 보우 레바-르 에-스찌

❷ Quanto é ao total?
꽝-뚜 에 아우 또따-우

❸ É muito caro.
에 무-이뚜 까-루

❹ Tem outro mais barato?
뗑 오-우뜨루 마이스 바라-뚜

❺ Poderia fazer um desconto?
뽀데리-아 파제-르 웅 지스꽁-뚜

❻ Como vai pagar?
꼬-무 바이 빠가-르

❼ Aceitam cartão de crédito?
아쎄-이떠웅 까르떠-웅 지 끄레-지뚜

levar(레바-르) : 가져가다

comprar(꽁쁘라-르) : 사다

barato(바라-뚜) : 싼

앗! 단어장!

❹ 백화점 쇼핑!

❶ 실례합니다.

❷ 화장품은 어디에 있습니까?

❸ 넥타이는 어디에서 살 수 있습니까?

❹ 이 두 개의 차이점이 뭔가요?

❺ 이것 두 개의 가격은 얼마입니까?

❻ 이것은 40불이고 저것은 30불입니다.

❼ 이 제품 흰색으로 있습니까?

❽ 탈의실은 어디입니까?

❾ 다른 것을 보여주실 수 있습니까?

7. 쇼핑용 회화

❶ Com licença.
꽁 리쌩-싸

❷ Onde fica a loja de cosméticos?
옹-지 피-까 아 로-쟈 지 꼬스메-찌꾸스

❸ Onde posso comprar gravatas?
옹-지 뽀쑤 꽁쁘라-르 그라바-따스

❹ Qual é a diferença entre os dois?
꽈우 에 아 지페렝-싸 엥-뜨리 우스 도이스

❺ Qual é o preço destes dois?
꽈우 에 우 쁘레-쑤 데-스찌스 도이스

❻ Um custa 40 dólares e o outro 30 dólares.
웅 꾸-스따 꽈렝-따 돌-라리즈 이 우 오-우뜨루
뜨링-따 돌-라리스

❼ Tem este em branco?
뗑 에-스찌 잉 브랑-꾸

❽ Onde é o provador?
옹-지 에 우 쁘로바도-르

❾ Pode me mostrar outro?
뽀-지 미 모스뜨라-르 오-우뜨루

❺ 면세점 쇼핑!

❶ 면세점은 어디에 있습니까?

❷ 브랜디를 사고 싶습니다.

❸ 말보로 한 갑 주세요.

❹ 여권을 보여 주십시오.

❺ 어떤 상표를 원하십니까?

❻ 얼마까지 면세입니까?

❼ 이것과 저것을 하나씩 주십시오.

앗! 단어장!

o Free Shop(우 프리 쇼삐) : 면세점
o Travel cheque(우 뜨레블 쉐-끼)
  : 여행자수표

7. 쇼핑용 회화

❶ Onde é o Free Shop?
옹-지 에 우 프리 쇼삐

❷ Gostaria de comprar uma aguardente.
꼬스따리-아 지 꽁쁘라-르 웅 아과르뎅-찌

❸ Uma caixa de Marlboro, por favor.
우-마 까-이샤 지 마우보-루 뽀르 파보-르

❹ Seu passaporte, por favor.
쎄우 빠싸뽀-르찌 뽀르 파보-르

❺ Qual marca prefere?
꽈우 마-르까 쁘레페-리

❻ Qual é o limite da isenção de imposto?
꽈우 에 우 리미찌 다 이젱써-웅 지 잉뽀-스뚜

❼ Quero cada um deste e daquele.
께-루 까-다 웅 데-스찌 이 다깰-리

a marca(아 마-르까) : 상표
querer(께레-르) : 원하다
pagar(빠가-르) : 지불하다

앗! 단어장!

❻ 기념품점 쇼핑!

❶ 어디에 좋은 기념품점이 있습니까?

❷ 뭐 특별히 찾고 계신 것 있으십니까?

❸ 부모님께 드릴 기념품을 원합니다.

❹ 이 도시의 특산품은 무엇입니까?

❺ 윈도우에 있는 것을 보여 주세요.

❻ 선물포장으로 해주시겠습니까?

❼ 한국으로 부쳐주실 수 있습니까?

앗! 단어장!

a lembrança(아 렝브랑-싸) : 기념품
a qualidade(아 꽐리다-지) : 품질
os pais(우스 빠이스) : 부모님

7. 쇼핑용 회화

❶ Onde fica uma boa loja de lembranças?
옹-지 피-까 우-마 보아 로-쟈 지 렝브랑-싸스

❷ Está procurando algo especial?
이스따- 쁘로꾸랑-두 아-우구 이스뻬씨아-우

❸ Quero uma lembrança para meus pais.
께-루 우-마 렝브랑-싸 빠-라 메우스 빠이스

❹ Quais são os produtos especiais desta cidade?
꽈이스 써-웅 우스 쁘로두-뚜즈 이스뻬씨아-이스 데-스따 씨다-지

❺ Pode me mostrar aquele da vitrine.
뽀-지 미 모스뜨라-르 아껠-리 다 비뜨리-니

❻ Poderia embrulhar para presente?
뽀데리-아 잉쁘룰야-르 빠-라 쁘레젱-찌

❼ Poderia mandar isso para a Coréia?
뽀데리-아 망다-르 이-쑤 빠-라 아 꼬레-이아

앗! 단어장!

o produto(우 쁘로두-뚜) : 상품
a cidade(아 씨다-지) : 도시
o presente(우 쁘레젱-찌) : 선물

7 슈퍼마켓 쇼핑!

❶ 실례합니다. 커피를 찾고 있습니다.

❷ 어디에서 살 수 있는지 말씀해 주시겠어요?

❸ 우유는 어디에 있습니까?

❹ 그 물건은 다 떨어졌습니다.

❺ (쇼핑)백에 넣어주시겠어요?

❻ 종이 백을 드릴까요, 비닐 백을 드릴까요?

❼ 영수증을 주시겠어요?

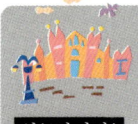

procurar(쁘로꾸라-르) : 찾다
o leite(우 레-이찌) : 우유
colocar(꼴로까-르) : 넣다

앗! 단어장!

7. 쇼핑용 회화

❶ Com licença. Estou procurando café.
꽁 리쌩-싸 이스또-우 쁘로꾸랑-두 까페-

❷ Onde posso comprar?
옹-지 뽀-쑤 꽁쁘라-르

❸ Onde fica o leite?
옹-지 피-까 우 레-이찌

❹ Está em falta no momento.
이스따- 잉 파-우따 누 모멩-뚜

❺ Poderia colocar numa sacola?
뽀데리-아 꼴로까-르 누-마 싸꼴-라

❻ De papel ou plástico?
지 빠뻬-우 오우 쁠라-스찌꾸

❼ Pode me dar o recibo?
뽀-지 미 다르 우 헤씨-부

앗! 단어장!

a sacola(아 싸꼴-라) : 쇼핑백
o papel(우 빠뻬-우) : 종이
o recibo(우 헤씨-부) : 영수증

쇼핑 관련 단어들!

한국어	포르투갈어	발음
영업중	**aberto**	아베-르뚜
폐점	**fechado**	페샤-두
쇼핑몰	**a loja de lembranças**	아 로-쟈 지 렝브랑-싸스
선물가게	**a loja de presentes**	아 로-쟈 지 쁘레젱-찌스
민예품점	**a loja de artesanatos**	아 로-쟈 지 아르떼자나-뚜스
백화점	**o Shopping**	우 쇼-뼁기
바겐세일	**a liquidação**	아 리끼다쎠-웅
가격	**o preço**	우 쁘레-쑤
견본	**a amostra**	아 아모-스뜨라
할인	**o desconto**	우 지스꽁-뚜
최저가격	**o preço mínimo**	우 쁘레-쑤 미-니무
교환하다	**trocar**	뜨로까-르
설명서	**as instruções**	아즈 잉스뜨루쑤-이스
모델	**o modelo**	우 모델-루
선물	**o presente**	우 쁘레젱-찌
포장하다	**embrulhar**	잉브룰랴-르
환불	**o reembolso**	우 헤잉보-우쑤
남자직원	**o vendedor**	우 벵데도-르
여자직원	**a vendedora**	아 벵데도-라
여행자수표	**o Travel cheque**	우 뜨레블 쉐-끼
크레디트카드	**o cartão de crédito**	우 까르떠-웅 지 끄레-지뚜

8. 우편, 전화, 은행!
1) 우체국!

❶ 우체국의 이용!

여행중에 고국으로 보내는 엽서나 편지는 남다른 기쁨을 줍니다. 호텔에 숙박 중이라면 방에 비치되어 있는 편지지와 봉투를 이용해서 호텔프론트에 맡기면 됩니다.(후불정산) 우체국에 가면 편지는 물론 소포를 보낼 수 있도록 박스와 소포지, 끈 등이 모두 준비되어 있습니다. 우표는 우체국 외에 호텔의 로비, 약국, 터미널에 설치되어 있는 자동판매기를 이용해 살 수도 있습니다.

빠르게 찾고 쉽게 말하는 여행회화! 여러분의 여행을 보다 즐겁고 편안하게 만들어 드립니다!!

우체국과 국제전화!

❷ 우편물 보내기!

편지봉투를 쓰는 법 : 편지봉투를 4분할 했을 때 좌측 상단은 보내는 사람주소, 우측 하단은 받는 사람의 주소를 씁니다. 우편물의 받는 사람 주소는 어느 나라 말로 써도 상관없지만 국가명만은 반드시 영어로 기입합니다. 즉 서울의 집주소를 한글로 써도 상관없지만 국가명만은 우측 제일 하단에 'SOUTH KOREA' 혹은 'Coréa do Sul'라고 써주어야 한다는 것입니다. 그리고 우측 상단은 우표를 붙여야 하니까 비워 두고, 좌측 하단은 배달방식 그러니까 항공우편일 경우는 'AIR MAIL' 또는 'PAR AVION'이라고 쓰거나 스티커를 붙이게 되고, 선편일 경우는 'SEA MAIL'이라고 표기합니다.

그리고 기타 속달, 등기, 소포는 직접 가서 우체국 창구를 이용해야 하며, 우편물을 빨리 보내려면 EMS로 보내면 됩니다.

포르투갈의 우체국은 CTT라고 부르며, 08:30~18:00까지 영업을 합니다. 공항과 레스타우라도레스 광장 앞의 중앙 우체국은 22:00까지 영업을 해서 이용객의 편의를 도모합니다.

2) 국제전화!

❶ 국제전화 걸기!

국제전화를 걸 때는 먼저 해당국의 시차를 미리 고려해

8. 우편, 전화, 은행!

야 하는데, 시차 때문에 너무 늦은 시간이나 너무 일찍 전화하게 되는 경우가 있습니다. 그리고 국제전화를 신청할 때는 반드시 상대방 전화번호, 도시명, 이름 등을 메모한 후, 교환원과 연결이 되면 통화하실 종류를 분명하게 교환원에게 밝히고, 전화번호는 한자씩 끊어 천천히 불러줍니다.

브라질과 포르투갈에서 한국으로 국제 통화를 하려고 할 때는 00을 누른 후 국가 코드 82, 0을 뺀 지역번호, 그리고 전화번호를 누르면 됩니다.

❷ 국제전화 카드!

여행전에 한국에서 미리 전화카드를 준비하거나 휴대폰 로밍써비스를 신청하는 방법도 있습니다. 선불카드의 장점은 우선 저렴하고, 한국어 안내방송을 들을 수 있다는 것 등입니다. 사용방법은 콜렉트콜처럼 국가별 접속번호를 누른 후 안내방송에 따라 카드번호, 비밀번호, 상대방 전화번호를 차례로 누르면 됩니다.

주요 통신사의 카드로는 한국통신 KT카드(080-2580-161), 데이콤 콜링카드(082-100), 온세통신 후불카드(083-100) 등이 있으며, 신청 즉시 카드번호를 발부 받을 수 있습니다.

은행의 이용!

3) 은행의 이용!

❶ 현지에서의 환전!

해당 여행국가에서의 환전은 제일 먼저 도착 공항이나 큰 규모의 중앙역에서 가능하며, 주요 대도시의 일반 은행들이 많이 있기 때문에 이곳을 이용해도 됩니다. 대형 백화점이나 면세점에도 환전소가 있기 때문에 환전에는 크게 어려움이 없습니다. 그러나 호텔이나 고급상점들에서의 환전은 10% 정도 더 손해를 봅니다.

브라질 통화의 단위는 레알(Real)로서 지폐는 1, 5, 10, 50, 100 레알(헤아우)의 5종류가, 동전은 1, 5, 10, 20, 50 센따부의 5종류가 있습니다. 브라질에서는 거스름 돈을 잘 주지 않기 때문에 환전 시에 잔돈을 충분하게 준비하도록 합니다.

포르투갈의 통화 단위는 유로(Euro)로서 지폐는 5, 10, 20, 50, 100, 200, 500의 7종류가, 동전은 1, 2, 5, 10, 20, 50 유로센트, 1, 2 유로의 8종류가 있습니다.

❷ 은행의 업무시간!

브라질 은행의 업무 시간은 10:00~16:30까지 이며, 포

8. 우편, 전화, 은행!

르투갈 은행의 업무 시간은 08:30~15:00입니다. 공휴일과 은행 업무 시간을 잘 확인하셔서 이용에 차질이 없도록 합니다.

❸ 신용카드

현금 외에도 비상시에 사용할 수 있도록 신용카드를 준비해 가는 것이 좋습니다. 신용카드의 장점은 현금을 많이 지니고 다니지 않아도 된다는 것과 고가품을 구입할 때 일시에 부담하지 않아도 된다는 점들을 들 수 있습니다. 해외에서 통용되는 대표적인 신용카드사로는 **Master Card, American Express Card, Diners Club Card, Visa Card** 등이 있습니다. 그러나 상점에 따라 통용되지 않는 카드도 있기 때문에 가장 일반적인 것으로 두 장 정도 준비하는 것이 좋습니다. 신용카드의 해외 사용 한도액은 카드 종류에 따라 다르며 사용한 대금은 2개월 이내에 원화로 갚습니다. 분실에 대비해 카드번호를 따로 기록해 두는 것이 필요합니다.

브라질에서도 고급 호텔이나 레스토랑, 상점 등지에서 신용카드를 사용할 수 있습니다. 그러나 모든 곳에서 사용이 가능한 것이 아니므로 물건을 구입 시에 신용카드를 사용하려 한다면 카드 결제가 가능한 지를 미리 물어보도록 합니다. 통상 신용카드를 받는 곳은 가맹점 표시를 상점 입구에 표시하고 있습니다.

❶ 우편물 보내기!

❶ 우체국은 어디 있습니까?

❷ 우체통은 어디 있습니까?

❸ 편지를 한국에 항공편으로 보내려 합니다.

❹ 이 엽서를 한국으로 보내고 싶습니다.

❺ 항공편으로 부치면 얼마나 걸립니까?

❻ 얼마치의 우표를 붙여야 합니까?

❼ 우편요금은 얼마입니까?

❽ 속달로 보내주세요.

8. 우편, 전화, 은행!

① Onde é o correio?
옹-지 에 우 꼬헤-이우

② Onde é a caixa de correio?
옹-지 에 아 까-이샤 지 꼬헤-이우

③ Gostaria de mandar a carta para a Coréia via aérea.
고스따리-아 지 망다-르 아 까-르따 빠-라 아 꼬레-이아 비아 아에-리아

④ Gostaria de mandar este cartão postal para a Coréia.
고스따리-아 지 망다-르 에-스찌 까르떠-웅 뽀스따-우 빠-라 아 꼬레-이아

⑤ Quanto tempo vai levar por via aérea?
꽝-뚜 뗑-뿌 바이 레바-르 뽀르 비아 아에-리아

⑥ De quanto é o selo?
지 꽝-뚜 에 우 쎌-루

⑦ Quanto custa?
꽝-뚜 꾸-스따

⑧ Via expressa, por favor.
비아 이스쁘레-싸 뽀르 파보-르

❷ 소포 보내기!

❶ 이 소포를 보내고 싶습니다.

❷ 소포용 상자가 있습니까?

❸ 소포용으로 포장해 주세요.

❹ 이 소포를 선편으로 부치려 합니다.

❺ 소포 12개를 브라질로 보내고 싶습니다.

❻ 소포를 보험에 드시겠습니까?

❼ 이 소포의 무게를 달아주시겠습니까?

앗! 단어장!

mandar(망다-르) : 보내다
o pacote(우 빠꼬-찌) : 소포
o valor(우 발로-르) : 가치

8. 우편, 전화, 은행!

❶ Gostaria de mandar este pacote.
고스따리-아 지 망다-르 에-스찌 빠꼬-찌

❷ Tem caixas para pacote?
뗑 까-이샤스 빠-라 빠꼬-찌

❸ Poderia embrulhar este, por favor?
뽀데리-아 잉브룰야-르 에-스찌 뽀르 파보-르

❹ Queria mandar este pacote via marítima.
께리-아 망다-르 에-스찌 빠꼬-찌 비아 마리-찌마

❺ Quero mandar 10 pacotes para o Brasil.
께-루 망다-르 데스 빠꼬-찌스 빠-라 우 브라지-우

❻ Quer colocar este no seguro?
께르 꼴로까-르 에-스찌 누 쎄구-루

❼ Pode pesar este pacote para mim?
뽀-지 뻬자-르 에-스찌 빠꼬-찌 빠-라 밍

embrulhar(잉브룰야-르) : 포장하다

o peso(우 뻬주) : 무게

o seguro(우 쎄구-루) : 보험

앗! 단어장!

③ 공중전화 걸기!

❶ 공중전화는 어디에 있습니까?

❷ 전화카드는 어디에서 살 수 있습니까?

❸ 이 전화로 국제전화를 걸 수 있습니까?

❹ 이 전화의 사용법을 가르쳐주시겠습니까?

❺ 한국의 국가번호를 가르쳐주시겠습니까?

❻ 이 번호로 전화하는 법을 가르쳐 주십시오.

❼ 긴급전화입니다.

o telefone público
(우 뗄레포-니 뿌-블리꾸) : 공중전화
o código da cidade
앗! 단어장! (우 꼬-지구 다 씨다-지) : 지역번호

8. 우편, 전화, 은행!

❶ Onde é o orelhão?
옹-지 에 우 오렐여-웅

❷ Onde posso comprar o cartão telefônico?
옹-지 뽀-쑤 꽁쁘라-르 우 까르떠-웅 뗄레포-니꾸

❸ Posso fazer uma chamada internacional?
뽀-쑤 파제-르 우-마 샤마-다 잉떼르나씨오나-우

❹ Como se usa este telefone?
꼬-무 씨 우-자 에-스찌 뗄레포-니

❺ Qual é o código da Coréia?
꽈우 에 우 꼬-지구 다 꼬레-이아

❻ Como posso ligar para este número?
꼬-무 뽀-쑤 리가-르 빠-라 에-스찌 누-메루

❼ É uma chamada urgente.
에 우-마 샤마-다 우르젱-찌

ligar(리가-르) : 전화걸다
o número(우 누-메루) : 번호
o orelhão(우 오렐여-웅) : 공중전화

앗! 단어장!

❹ 전화대화 표현!

❶ 여보세요. 거기가 423-7156입니까?

❷ 전화거신 분은 누구십니까?

❸ 저는 빠울루입니다.

❹ 내선 890번 부탁합니다.

❺ 민수 좀 바꿔 주시겠어요?

❻ 그런 이름을 가진 사람이 없습니다.

❼ 미안합니다. 잘못 걸었습니다.

❽ 그(그녀)는 지금 외출중입니다.

❾ 언제쯤 돌아옵니까?

8. 우편, 전화, 은행!

❶ Alô, é de 423-7156?
알로- 에 지 꽈-뜨루 도이스 뜨레스 쎄-찌 웅 씽-꾸 메이아

❷ Quem está falando, por favor?
껭 이스따- 팔랑-두 뽀르 파보-르

❸ Aqui é Paulo.
아끼 에 빠-울루

❹ Ramal 890, por favor.
하마-우 오이뚜 노-비 제-루 뽀르 파보-르

❺ Posso falar com Minsu?
뽀-쑤 팔라-르 꽁 민수

❻ Não há ninguém com esse nome.
너웅 아 닝겡- 꽁 에-씨 노-미

❼ Desculpe. Foi engano.
지스꾸-우뻬 포이 잉가-누

❽ Ele(Ela) não está no momento.
엘-리(엘-라) 너웅 이스따- 누 모멩-뚜

❾ Quando vai voltar?
꽝-두 바이 보우따-르

빠르게 찾고 쉽게 말하는 여행회화! 여러분의 여행을 보다 즐겁고 편안하게 만들어 드립니다!!

❺ 국제전화 걸기! 1.

❶ 교환입니다. 무엇을 도와드릴까요?

❷ 한국의 서울로 국제통화를 하고 싶습니다.

❸ 잠깐만 기다리세요.

❹ 국제전화 교환원을 연결해 드리겠습니다.

❺ 한국의 서울로 직접 전화할 수 있습니까?

❻ 한국으로 국제전화를 걸고 싶습니다.

❼ 수신자부담으로 해주세요.

❽ 요금은 여기서 지불하겠습니다.

❾ 번호를 알려주시겠습니까?

8. 우편, 전화, 은행!

❶ Telefonista. Pois não?
뗄레포니-스따 뽀이스 너웅

---

❷ Gostaria de fazer uma ligação internacional para Seul, Coréia.
고스따리-아 지 파제-르 우-마 리가써-웅 잉떼르나씨오나-우 빠-라 쎄우-우 꼬레-이아

---

❸ Um momento, por favor.
웅 모멩-뚜 뽀르 파보-르

---

❹ Vou passar para o telefonista internacional.
보우 빠싸-르 빠-라 우 뗄레포니-스따 잉떼르나씨오나-우

---

❺ Posso fazer a ligação direto para Seul?
뽀-쑤 파제-르 아 리가써-웅 지레-뚜 빠-라 쎄우-우

---

❻ Quero fazer uma ligação internacional.
께-루 파제-르 우-마 리가써-웅 잉떼르나씨오나-우

---

❼ A cobrar, por favor.
아 꼬브라-르 뽀르 파보-르

---

❽ Eu pago a tarifa aqui.
에우 빠-구 아 따리-파 아끼-

---

❾ Qual é o número, por favor?
꽈우 에 우 누-메루 뽀르 파보-르

❻ 국제전화 걸기! 2.

❿ 전화번호는 82-2-3124-5678입니다.

⓫ 성함과 번호를 말씀해 주십시오.

⓬ 제 이름은 이민지입니다.

⓭ 전화번호는 726-4523입니다.

⓮ 김선민 씨와 통화하고 싶습니다.

⓯ 전화를 받는 사람은 아무라도 상관없습니다.

⓰ 신청하신 곳이 나왔습니다. 말씀하십시오.

앗! 단어장!

o código das cidades
(우 꼬-지구 다스 씨다-지스) : 지역번호
querer(께레-르) : 원하다

8. 우편, 전화, 은행!

❿ O número é 82-2-3124-5678.
우 누-메루 에 오-이뚜 도이스 도이스 뜨레이스
웅 도이스 꽈-뜨루 씽-꾸 메이아 쎄-찌 오-이뚜

⓫ Seu nome e número, por favor.
쎄우 노-미 이 누-메루 뽀르 파보-르

⓬ Meu nome é Minji Lee.
메우 노-미 에 민지 리

⓭ O número é 726-4523.
우 누-메루 에 쎄-찌 도이스 메이아 꽈-뜨루
씽-꾸 도이스 뜨레스

⓮ Queria falar com o senhor Sunmin Kim.
께리-아 팔라-르 꽁 우 씽요-르 선민 김

⓯ Qualquer pessoa que atender, tá bom.
꽈우께-르 뻬쏘-아 끼 아뗑데-르 따 봉

⓰ Já está na linha. Pode falar.
쟈 이스따- 나 링-야 뽀지 팔라-르

atender(아뗑데-르) : 응답하다
a linha(아 링-야) : 선
esperar(이스뻬라-르) : 기다리다

앗! 단어장!

7 호텔에서의 전화!

❶ 여보세요, 교환이죠?

❷ 한국으로 국제전화를 부탁합니다.

❸ 전화번호를 말씀해 주십시오.

❹ 콜렉트콜로 서울의 이수진 씨를 부탁합니다.

❺ 서울의 전화번호는 961-4793번 입니다.

❻ 선생님의 성함과 룸넘버를 말씀해 주세요.

❼ 저의 이름은 김민수이며 502호실입니다.

❽ 끊지말고 잠시 기다려 주세요.

8. 우편, 전화, 은행!

❶ Alô, telefonista?
알로- 뗄레포니-스따

❷ Uma ligação internacional para a Coréia, por favor.
우-마 리가써-웅 잉떼르나씨오나-우 빠-라 아 꼬레-이아 뽀르 파보-르

❸ O número de telefone, por favor.
우 누-메루 지 뗄레포-니 뽀르 파보-르

❹ Gostaria de falar com Soojin Lee em Seul a cobrar.
고스따리-아 지 팔라-르 꽁 수진 리 잉 쎄우-우 아 꼬브라-르

❺ O número em Seul, é 961-4793.
우 누-메루 잉 쎄우-우 에 노-비 메이아 웅 꽈-뜨루 쎄-찌 노-비 뜨레스

❻ Seu nome e número do quarto, por favor.
쎄우 노-미 이 누-메루 두 꽈-르뚜 뽀르 파보-르

❼ Minsu Kim do quarto 502.
민수 김 두 꽈-르뚜 씽-꾸 제-루 도이스

❽ Aguarde um momento na linha, por favor.
아과-르지 웅 모멩-뚜 나 링-야 뽀르 파보르

우편|전화 관련 단어!

○ 우편 관련 단어표현

우체국	**o correio**	우 꼬헤-이우
엽서	**o cartão postal**	
	우 까르떠-웅 뽀스따-우	
항공봉함엽서	**o aerograma**	우 아에로그라-마
편지지	**o papel de carta**	
	우 빠뻬-우 지 까-르따	
봉투	**o envelope**	우 잉벨로-뻬
발신인	**o remetente**	우 헤메뗑-찌
수신인	**o destinatário**	우 데스찌나따-리우
주소	**o endereço**	우 잉데레-쑤
우체통	**a caixa de correio**	
	아 까-이샤 지 꼬헤-이우	
등기우편	**a carta registrada**	
	아 까-르따 헤지스뜨라-다	
속달	**via expressa**	비아 이스쁘레-싸
우표	**o selo**	우 쎌-루
항공편	**via aérea**	비아 아에-리아
선편	**via marítima**	비아 마리-찌마
소포	**o pacote**	우 빠꼬-찌
취급주의	**frágil**	프라-지우

8. 우편, 전화, 은행!

● 전화 관련 단어표현

한국어	포르투갈어	발음
공중전화	**o telefone público**	우 뗄레포-니 뿌-블리꾸
공중전화	**o orelhão**	우 오렐여-웅
누르다	**apertar**	아뻬르따-르
전화번호	**o número de telefone**	우 누-메루 지 뗄레포-니
다이얼하다	**discar**	지스까-르
구내전화선	**o ramal**	우 하마-우
번호안내	**a informação**	아 잉포르마써-웅
통화	**a chamada**	아 샤마-다
긴급전화	**a chamada urgente**	아 샤마-다 우르젱-찌
시내통화	**a chamada local**	아 샤마-다 로까-우
장거리통화	**a chamada interurbana**	아 샤마-다 잉떼르우르바-나
교환원	**o telefonista**	우 뗄레포니-스따
국가번호	**o código do país**	우 꼬-지구 두 빠이-스
지역번호	**o código das cidades**	우 꼬-지구 다스 씨다-지스
콜렉트콜	**a chamada a cobrar**	아 샤마-다 아 꼬브라-르

빠르게 찾고 쉽게 말하는 여행회화! 여러분의 여행을 보다 즐겁고 편안하게 만들어 드립니다!!

⑧ 은행의 이용!

❶ 여행자수표를 현금으로 바꾸고 싶습니다.

❷ 얼마나 현금으로 바꾸시겠습니까?

❸ 500불입니다.

❹ 여권 좀 보여주시겠습니까?

❺ 네, 여기 수표도 있습니다.

❻ 수표에 서명해주십시오.

❼ 돈을 어떻게 바꾸어 드릴까요?

8. 우편, 전화, 은행!

❶ Queria trocar este Travel cheque por dinheiro.
께리-아 뜨로까-르 에-스찌 뜨레블 쉐-끼 뽀르 징예-이루

❷ Quanto quer trocar por dinheiro?
꽝-뚜 께르 뜨로까-르 뽀르 징예-이루

❸ 500 dólares.
낑엥-뚜스 돌-라리스

❹ Seu passaporte, por favor.
쎄우 빠싸뽀-르찌 뽀르 파보-르

❺ Aqui está. Também os cheques.
아끼- 이스따- 떠웅벵- 우스 쉐-끼스

❻ Assine os cheques, por favor.
아씨-니 우스 쉐-끼스 뽀르 파보-르

❼ De que forma o senhor gostaria de receber seu dinheiro?
지 끼 포-르마 우 씽요-르 고스따리-아 지 헤쎄베-르 쎄우 징예-이루

❾ 잔돈 바꾸기!

❶ 잔돈 좀 바꾸고 싶습니다.

❷ 이 지폐를 좀 바꾸어 주시겠습니까?

❸ 얼마 바꾸시길 원하세요?

❹ 100불짜리를 잔돈으로 바꾸고 싶습니다.

❺ 어떻게 바꿔드릴까요?

❻ 20불짜리 3장, 10불짜리 4장으로 주십시오.

❼ 20달러를 헤알로 교환해 주세요.

앗! 단어장!

trocar(뜨로까-르) : 바꾸다
o dólar(우 돌-라르) : 달러
como(꼬-무) : 어떻게

8. 우편, 전화, 은행!

❶ Queria em trocados, por favor.
께리-아 잉 뜨로까-두스 뽀르 파보-르

❷ Poderia trocar esta nota?
뽀데리-아 뜨로까-르 에-스따 노-따

❸ Quanto você quer trocar?
꽝-뚜 보쎄- 께르 뜨로까-르

❹ Gostaria de trocar a nota de 100 dólares por trocados.
고스따리-아 지 뜨로까-르 아 노-따 지 쌩 돌-라리스 뽀르 뜨로까-두스

❺ De quanto você precisa?
지 꽝-뚜 보쎄- 쁘레씨-자

❻ 3 de vinte e 4 de dez, por favor.
뜨레스 지 빙-찌 이 꽈-뜨루 지 데스 뽀르 파보-르

❼ Quero trocar 20 dólares por reais.
께-루 뜨로까-르 빙-찌 돌-라리스 뽀르 헤아-이스

o real(우 헤아-우) : 헤알
por favor(뽀르 파보-르) : ~해 주세요
a moeda(아 모에-다) : 화폐

앗! 단어장!

은행 관련 단어들!

◐ 은행 관련 단어표현

한국어	포르투갈어	발음
환전소	a casa de câmbio	아 까-자 지 깡-비우
환전율	a cotação	아 꼬따쎄-옹
창구	o caixa	우 까-이샤
잔돈	o trocado	우 뜨로까-두
지폐	a nota	아 노-따
주화	a moeda	아 모에-다
여행자수표	o cheque de viagem	우 쉐-끼 지 비아-젱
서명	a assinatura	아 아씨나뚜-라
바꾸다	trocar	뜨로까-르
달러	o dólar	우 돌-라르
레알	o real	우 헤아-우
유로	o euro	우 에-우루
페소	o peso	우 뻬-주

9. 교통수단!

❶ 브라질의 교통 정보!

● 항공

브라질은 국토가 넓기 때문에 도시간 이동 수단으로 비행기를 많이 이용하는데, 바스삐 트랜스 브라질 항공(Vasp), 바리그 항공(Varig), 땅 항공(Tam) 등이 국내선 구간을 운행하고 있습니다. 브라질 국내에 29개의 공항이 있으며, 국내 노선의 수도 150개 이상입니다. 노선이 많기 때문에 미리 예약을 할 필요는 없지만, 운행 노선에 따라 이용하는

교통수단의 이용!

공항이 다르므로 잘 확인하도록 합니다. 특히 이용객이 많은 상파울루와 리우데자네이루 노선은 약 30분 간격으로 비행기가 운행되고 있으며, 할인된 가격으로 브라질 내의 여러 도시를 순회하는 패스권도 판매되고 있으니 이용해 보시길 바랍니다.

● 철도

브라질의 철도는 주로 화물 운송에 쓰이는 교통 수단입니다. 주 2회 정도 여객편도 있으나, 노선 편수가 적고, 기존의 노선도 여러가지면에서 비경제적인 것이 많으며 어떤 노선은 운행이 되지 않는 것도 있어서 여행자가 이용하기에는 적당하지 않습니다. 참고로 상파울루에서 상뚜스간에는 약 1시간 30분 정도, 리우데자네이루에서 상파울루까지는 약 8시간 정도 소요됩니다.

● 항만

브라질의 항만은 요금은 저렴하나 대체적으로 비효율적으로 운영되고 있습니다. 주요 항구로는 리우데자네이루 항구, 상투스 항구, 빠라나과 항구, 뽀르뚜 알레그리 항구, 비또리아 항구 등이 있습니다.

● 버스

브라질에서는 장거리 이동시에 철도보다는 버스를 많이 이용합니다. 도로도 잘 정비되어 있고, 도시간 운행편수도 많으며 요금도 항공 요금의 1/3 정도로 저렴하기 때문에 많은 사람들이 이용하고 있습니다. 장거리 버스는 '떼르미나우 호도비아리우' 라고 불리는 종합고속버스

9. 교통수단

터미널에서 운행이 되는데, 이곳에는 레스토랑과 매점, 화장실과 샤워 시설까지 있어서 이용객의 편의를 돕고 있습니다. 밤 시간대에 이동을 하는 경우에는 요금은 일반 버스의 두배 정도이지만 좌석이 매우 넓은 침대버스(Leito)도 이용해 볼만합니다. 티켓은 터미널에서 선착순으로 판매되며, 버스의 등급과 직행과 완행 여부에 따라 종류가 다릅니다. 시내 버스의 경우도 운행 편수가 많으며 요금도 저렴하고, 비교적 교통 소통도 원활한 편이라 이용하기에 불편함이 없습니다.

● **택시**

브라질의 택시 운전자들은 여행자들에게 바가지 요금을 씌우기로 유명합니다. 택시요금도 일반 택시보다 콜택시(일명 하지우 딱시 Ráio taxi)의 요금이 2배 정도 비쌉니다. 따라서 이곳에서 택시를 이용할 때 바가지를 쓰지 않는 방법은, 우선 목적지를 정확히 포르투갈어로 종이에 적어서 보여주기, 출발 동시에 미터기가 켜지는지를 살펴보기 등입니다. 그리고 공항에서 시내로 갈 때는 공항 내의 티켓판매소에서 목적지까지의 티켓을 사서 택시 기사에게 제시하는 방법도 좋습니다.

● **렌트카**

브라질은 비교적 도로망이 잘 정비된 곳이므로 여행을 떠나기 전 국제운전면허증을 발급 받았다면 현지에서 지역의 임시운전면허증을 발급받아 여행을 즐기는 것도 한 방법입니다. 그러나 현지인들의 운전매너가 신호등을 무시하거나 보행자들도 교통규칙을 잘 지키지 않으므로 주의를 하도록 합니다. 차를 렌트할 때에는 여권과 국제운전면허증, 그리고 신용 카드가 필요합니다.

교통수단의 이용!

❷ 포르투갈의 교통 정보!

● 항공

TAP, LAR, PGA 등의 항공사가 포르투갈 국내의 도시간을 운행합니다. 주요 공항은 리스본, 뽀르뚜, 파루이며 이 외에 20여 곳이 있습니다.

● 철도

유레일 패스를 사용할 수 있으며 각종 할인 혜택들이 있기 때문에 배낭 여행객들이 이용해 볼만한 교통 수단입니다. 보통 월요일 오후부터 목요일까지 특별 요금이 적용되며, 10인 이상이 한꺼번에 이용할 때나 최소한의 거리를 이용하는 승객에 대해서도 20~30% 요금을 할인해 줍니다. 또한 기간내에 무제한으로 이용할 수 있는 여행자 티켓이 7, 14, 21일용의 3가지 종류가 있으므로 참고하시기 바랍니다. 수도인 리스본에는 국제 특급이 운행되는데 파리-마드리드-리스본을 연결하는 남방특급과 마드리드의 아토차역에서 리스본까지의 리스본 특급과 루지따니아 특급이 있습니다.

● 버스

국영 버스인 RN이 장거리 버스를 운행하고 있습니다. 리스본과 뽀르뚜를 중심으로 'expresso'라고 불리우는 버스로 연결하고 있으며 출발지에서 종점까지 직행으로 달리는 노

9. 교통수단

선도 있습니다. 대도시에는 보통 버스 터미널이 있으나 소도시에는 따로 버스 터미널이 있지 않고 도시의 중심 광장이 터미널 역할을 하는 곳이 많습니다. 참고로 리스본의 버스 터미널은 지하철 살다냐역 부근에 있습니다. 버스 노선, 시간, 요금에 대한 문의는 각 도시의 관광 안내소나 버스 터미널에 하면 됩니다.

● **택시**

택시는 택시 승차장에서 타거나, 전화로 부를 수 있으며 우리나라처럼 길거리에서 손을 들어 빈차를 잡을 수도 있습니다. 택시는 'TAXI'라는 표지판이 차 위에 있으며, 빈차의 경우는 앞 유리에 'LIVRE'라고 씌여진 표시등이 켜 있습니다.

● **렌트카**

운전에 자신이 있는 분이라면 렌트카를 이용해 관광을 해도 좋겠습니다. 특히 가족이나 친구끼리 3~5명이 함께 여행을 하는 것이라면 교통비도 줄이면서 시간과 장소도 자유롭게 선택할 수 있는 장점이 있으므로 이용해 볼만합니다. 차를 렌트할 때에는 만 21세 이상으로 여권과 국제운전면허증, 신용카드가 필요하며, 요금은 차종과 기간, 변속장치, 렌트카 회사에 따라 다르게 적용됩니다. 할인된 요금으로 차를 렌트하려면 여행을 떠나기 전에 국내 여행사에서 사전 예약을 해야 하며, 요금은 조금 비싸지만 포르투갈어에 어느 정도 자신이 있다면 현지에서 직접 빌릴 차의 상태를 꼼꼼히 확인한 후 렌트하는 것도 하나의 방법입니다.

① 철도의 이용! 1.

❶ 어디서 표를 살 수 있습니까?

❷ 열차시각표를 주십시오.

❸ 좌석을 예약해야 합니까?

❹ 급행이 있습니까?

❺ 기차를 갈아 타야합니까?

❻ 왕복표로 주십시오.

❼ 꾸리찌바행을 타는 플랫폼이 어디입니까?

❽ 이 기차가 상파울루행입니까?

❾ 어떤 열차를 타야합니까?

9. 교통수단

❶ Onde posso comprar a passagem?
옹-지 뽀-쑤 꽁쁘라-르 아 빠싸-젱

❷ Queria o horário, por favor.
께리-아 우 오라-리우 뽀르 파보-르

❸ Preciso reservar um assento?
쁘레씨-주 헤제르바-르 웅 아쎙-뚜

❹ Tem trem expresso?
뗑 뜨렝 이스쁘레-쑤

❺ Tenho que trocar de trem?
뗑-유 끼 뜨로까-르 지 뜨렝

❻ Queria uma passagem de ida e volta.
께리-아 우마 빠싸-젱 지 이-다 이 보-우따

❼ Onde é a plataforma para Curitiba?
옹-지 에 아 쁠라따포-르마 빠-라 꾸리찌-바

❽ Este é o trem para São Paulo?
에-스찌 에 우 뜨렝 빠-라 써웅빠-울루

❾ Que trem devo pegar?
끼 뜨렝 데-부 뻬가-르

❷ 철도의 이용! 2.

❿ 몇 번 플렛폼입니까?

⓫ 어디에서 갈아탑니까?

⓬ 침대칸이 있습니까?

⓭ 식당칸이 있습니까?

⓮ 기차에서 식사할 수 있습니까?

⓯ 이 열차는 리우까지 직행합니까?

⓰ 이 열차는 상뚜스에 정차합니까?

⓱ 여기서 얼마나 정차합니까?

⓲ 다음 역은 어디입니까?

9. 교통수단

❿ Qual é o número da plataforma?
꽈우 에 우 누-메루 다 쁠라따포-르마

⓫ Onde tenho que fazer a transferência?
옹-지 뗑-유 끼 파제-르 아 뜨랑스페렝-씨아

⓬ Tem vagão leito?
뗑 바거-웅 레-이뚜

⓭ Tem vagão restaurante?
뗑 바거-웅 헤스따우랑-찌

⓮ Posso comer no trem?
뽀-쑤 꼬메-르 누 뜨렝

⓯ Este trem vai direto até o Rio?
에-스찌 뜨렝 바이 지레-뚜 아떼- 우 히우

⓰ Este trem pára em Santos?
에-스찌 뜨렝 빠-라 잉 쌍-뚜스

⓱ Quanto tempo o trem fica parado aqui?
꽝-뚜 뗑-뿌 우 뜨렝 피-까 빠라-두 아끼-

⓲ Qual é a próxima estação?
꽈우 에 아 쁘로-씨마 이스따써-웅

❸ 버스의 이용! 1.

❶ 가장 가까운 버스정류장은 어디입니까?

❷ 아베니다 빠울리스따행 버스 정류장은 어디입니까?

❸ 매표소는 어디에 있습니까?

❹ 깜비나스행 버스 터미널은 어디입니까?

❺ 버스 시간표를 보고 싶습니다.

❻ 버스 안에서 차표를 살 수 있습니까?

❼ 꾸리찌바까지 표 두 장 주세요.

❽ 리우행 버스는 언제 출발합니까?

9. 교통수단

❶ Onde é o ponto de ônibus mais próximo?
옹-지 에 우 뽕-뚜 지 오-니부스 마이스 쁘로-씨무

❷ Onde é o ponto de ônibus para a Avenida Paulista?
옹-지 에 우 뽕-뚜 지 오-니부스 빠-라 아 아베니-다 빠울리-스따

❸ Onde é o guichê de passagem?
옹-지 에 우 기쉐-지 빠싸-젱

❹ Onde fica o terminal rodoviário para Campinas?
옹-지 피-까 우 떼르미나-우 호도비아-리우 빠-라 깡삐-나스

❺ Queria ver o horário de ônibus.
께리-아 베르 우 오라-리우 지 오-니부스

❻ Posso comprar a passagem no ônibus?
뽀쑤 꽁쁘라-르 아 빠싸-젱 누 오-니부스

❼ Dois bilhetes para Curitiba, por favor.
도이스 빌예-찌스 빠-라 꾸리찌-바 뽀르 파보-르

❽ Quando parte o ônibus para o Rio?
꽝-두 빠-르찌 우 오-니부스 빠-라 우 히우

④ 버스의 이용! 2.

❾ 그곳에 도착하면 저에게 좀 알려주세요.

❿ 다음 버스는 몇 시입니까?

⓫ 10 분 마다 있습니다.

⓬ 몇 시간 걸립니까?

⓭ 어디에서 갈아타야 합니까?

⓮ 여기는 무슨 정류장입니까?

⓯ 여기가 제가 내려야할 곳인가요?

⓰ 여기서 내려 주십시오.

⓱ 다음 정거장에서 내리겠습니다.

9. 교통수단

❾ Avise-me quando chegar lá, por favor.
아비-지 미 꽝-두 쉐가-르 라 뽀르 파보-르

❿ A que horas passa o próximo ônibus?
아 끼 오-라스 빠싸 우 쁘로-씨무 오-니부스

⓫ Tem ônibus a cada 10 minutos.
뗑 오-니부즈 아 까-다 데스 미누-뚜스

⓬ Quanto tempo se leva?
꽝-뚜 뗑-뿌 씨 레-바

⓭ Onde tenho que fazer a baldeação?
옹-지 뗑-유 끼 파제-르 아 발지아써-웅

⓮ Qual é esta parada?
꽈우 에 에-스따 빠라-다

⓯ Onde tenho que descer?
옹-지 뗑-유 끼 데쎄-르

⓰ Deixe-me descer aqui, por favor.
데-이쉬 미 데쎄-르 아끼- 뽀르 파보-르

⓱ Vou descer na próxima parada.
보우 데쎄-르 나 쁘로-씨마 빠라-다

❺ 선박의 이용!

❶ 배로 여행하고 싶습니다.

❷ 갑판좌석을 예약하고 싶습니다.

❸ 살바도르까지 가는 배는 어디서 탑니까?

❹ 승선시간은 몇 시 입니까?

❺ 언제 출항합니까?

❻ 어느 정도 걸립니까?

❼ 의사를 좀 불러 주시겠습니까?

9. 교통수단

❶ Queria viajar de navio.
께리-아 비아쟈-르 지 나비-우

❷ Gostaria de reservar um assento no convés.
고스따리-아 지 헤제르바-르 웅 아쌩-뚜 누 꽁베-스

❸ Onde posso embarcar no navio para Salvador?
옹-지 뽀-쑤 잉바르까-르 누 나비-우 빠-라 싸우바도-르

❹ A que horas é o embarque?
아 끼 오-라스 에 우 잉바-르끼

❺ Quando o navio vai partir?
꽝-두 우 나비-우 바이 빠르찌-르

❻ Qual é a duração da viagem?
꽈우 에 아 두라써-웅 다 비아-젱

❼ Poderia me chamar um médico?
뽀데리-아 미 샤마-르 웅 메-지꾸

⑥ 지하철의 이용!

❶ 이 근처에 지하철역이 있습니까?

❷ 가장 가까운 지하철역은 어디입니까?

❸ 어디서 표를 삽니까?

❹ 지하철 노선표 한장 주십시오.

❺ 쁘라싸 다쎄로 가는 것은 몇 호선인가요?

❻ 뿌끼 대학은 몇 호선을 타야합니까?

❼ 표 한 장 주십시오.

❽ 이비라뿌에라 공원은 어디에서 내려야합니까?

9. 교통수단

❶ Há alguma estação de metrô por aqui?
아 아우구-마 이스따써-웅 지 메뜨로- 뽀르 아끼-

❷ Onde é a estação de metrô mais próxima?
옹-지 에 아 이스따써-웅 지 메뜨로- 마이스 쁘로-씨마

❸ Onde posso comprar o bilhete?
옹-지 뽀-쑤 꽁쁘라-르 우 빌예-찌

❹ Queria um mapa de linhas de metrô.
께리-아 웅 마-빠 지 링-야스 지 메뜨로-

❺ Qual é a linha que passa na Praça da Sé?
꽈우 에 아 링-야 끼 빠-싸 나 쁘라-싸 다 쎄

❻ Qual é a linha que devo pegar para chegar na PUC?
꽈우 에 아 링-야 끼 데-부 뻬가-르 빠-라 쉐가-르 나 뿌끼

❼ Um bilhete, por favor.
웅 빌예-찌 뽀르 파보-르

❽ Onde devo descer para ir ao Parque Ibirapuera?
옹-지 데-부 데쎄-르 빠-라 이르 아우 빠-르끼 이비라뿌에-라

빠르게 찾고 쉽게 말하는 여행회화! 여러분의 여행을 보다 즐겁고 편안하게 만들어 드립니다!!

7 택시의 이용!

❶ 택시 승차장은 어디입니까?

❷ (메모를 보이면서) 이 주소로 가 주십시오.

❸ 마스삐로 가주세요.

❹ 시청까지 요금이 얼마정도 듭니까?

❺ 거기까지 가는 데 얼마나 걸립니까?

❻ 빨리 갈 수 있습니까? 늦었는데요.

❼ 오른쪽으로 돌아주시겠습니까?

❽ 여기서 세워주세요.

❾ 요금은 얼마입니까?

9. 교통수단

❶ Onde é o ponto de táxi?
옹-지 에 우 뽕-뚜 지 딱-씨

❷ A este endereço, por favor.
아 에-스찌 잉데레-쑤 뽀르 파보-르

❸ Para o Masp, por favor.
빠-라 우 마-스삐 뽀르 파보-르

❹ Quanto sai mais ou menos até a Prefeitura?
꽝-뚜 싸이 마이즈 오우 메누즈 아떼- 아 쁘레페이뚜-라

❺ Quanto tempo se leva até lá?
꽝-뚜 뗑-뿌 씨 레-바 아떼- 라

❻ Rápido, por favor. Estou atrasado.
하-삐두 뽀르 파보-르 이스또-우 아뜨라자-두

❼ Poderia virar à direita?
뽀데리-아 비라-르 아 지레-이따

❽ Pode parar aqui, por favor.
뽀-지 빠라-르 아끼 뽀르 파보-르

❾ Quanto é?
꽝-뚜 에

⑧ 렌터카의 이용!

❶ 렌터카는 어디에서 빌립니까?

❷ 차를 빌리고 싶습니다.

❸ 어떤 차종이 있습니까?

❹ 이 차를 하루만 빌리고 싶습니다.

❺ 요금표를 보여 주십시오.

❻ 얼마입니까?

❼ 보험에 들고 싶습니다.

❽ 보증금은 얼마입니까?

❾ 차를 반납하고 싶습니다.

9. 교통수단

❶ Onde posso alugar um carro?
옹-지 뽀-쑤 알루가-르 웅 까-후

❷ Queria alugar um carro, por favor.
께리-아 알루가-르 웅 까-후 뽀르 파보-르

❸ Que tipo de carro vocês têm?
끼 찌-뿌 지 까-후 보쎄-스 뗑

❹ Queria alugar este carro só por um dia.
께리-아 알루가-르 에스찌 까-후 쏘 뽀르 웅 지아

❺ Gostaria de ver a lista de preços.
고스따리-아 지 베르 아 리-스따 지 쁘레-쑤스

❻ Qual é o preço?
꽈우 에 우 쁘레-쑤

❼ Queria colocar o meu carro no seguro.
께리-아 꼴로까-르 우 메우 까-후 누 쎄구-루

❽ Quanto é o depósito?
꽝-뚜 에 우 데뽀-지뚜

❾ Gostaria de devolver o carro.
고스따리-아 지 데보우베-르 우 까-후

❾ 주유소의 이용!

❶ 주유소는 어디 있습니까?

❷ 기름을 채워 주십시오.

❸ 고급으로 넣어 주세요.

❹ 50 헤아이스 어치를 넣어주세요.

❺ 오일을 점검해 주십시오.

❻ 기름을 채워 주시고 오일을 점검해 주세요.

❼ 알콜로 채워주세요.

❽ 보통 휘발유로 30 헤아이스 어치 넣어주세요.

❾ 차를 점검해 주시겠습니까?

9. 교통수단

❶ Onde é o posto de gasolina?
옹-지 에 우 뽀-스뚜 지 가졸리-나

❷ Pode completar, por favor.
뽀-지 꽁쁠레따-르 뽀르 파보-르

❸ Super, por favor.
쑤-뻬르 뽀르 파보-르

❹ Coloque 50 reais, por favor.
꼴로-끼 씽깽-따 헤아-이스 뽀르 파보-르

❺ Verifique o óleo, por favor.
베리피-끼 우 올-리우 뽀르 파보-르

❻ Encha o tanque com gasolina e verifique o óleo.
엥-샤 우 땅-끼 꽁 가졸리-나 이 베리피-끼 우 올-리우

❼ Encha o tanque com álcool, por favor.
잉-샤 우 땅-끼 꽁 아-우꼬우 뽀르 파보-르

❽ Coloque 30 reais de gasolina comum.
꼴로-끼 뜨링-따 헤아-이스 지 가졸리-나 꼬뭉-

❾ Pode fazer um check-up no meu carro?
뽀-지 파제-르 웅 체까-삐 누 메우 까-후

빠르게 찾고 쉽게 말하는 여행회화! 여러분의 여행을 보다 즐겁고 편안하게 만들어 드립니다!!

✚ 교통수단 관련 단어!

● 철도여행 관련 단어표현

역	**a estação**	아 이스따써-웅
열차	**o trem**	우 뜨렝
매표소	**a bilheteria**	아 빌예떼리-아
시간표	**o horário**	우 오라-리우

편도기차표 **a passagem de ida**
아 빠싸-젱 지 이-다

왕복기차표 **a passagem de ida e volta**
아 빠싸-젱 지 이다 이 보-우따

1등석 **a primeira classe**
아 쁘리메-이라 끌라-씨

2등석 **a segunda classe** 아 쎄궁-다 끌라-씨
침대차 **o vagão leito** 우 바거-웅 레-이뚜
식당차 **o vagão restaurante**
우 바거-웅 헤스따우랑-찌

윗칸 **o beliche de cima** 우 벨리-쉬 지 씨-마
아랫칸 **o beliche de baixo** 우 벨리-쉬 지 바-이쑤
좌석 **o assento** 우 아쎙-뚜
급행열차 **o trem expresso** 우 뜨렝 이스쁘레-쑤
개찰구 **a portaria** 아 뽀르따리-아
플랫폼 **a plataforma** 아 쁠라따포-르마

9. 교통수단

◯ 버스여행 관련 단어표현

고속버스터미널	**o terminal rodoviário**
	우 떼르미나-우 지 호도비아-리우
버스터미널	**o terminal de ônibus**
	우 떼르미나-우 지 오-니부스
버스정류장	**o ponto de ônibus**
	우 뽕-뚜 지 오-니부스
버스정류장	**a parada de ônibus**
	아 빠라-다 지 오-니부스
버스	**o ônibus** 우 오-니부스
시내버스	**o ônibus da cidade**
	우 오-니부스 다 시다지
관광버스	**o ônibus de turismo**
	우 오-니부스 지 뚜리-즈무
장거리버스	**o ônibus interurbano**
	우 오-니부즈 잉떼르우르바-누
직행버스	**o ônibus direto**
	우 오-니부스 지레-뚜
일시정지	**a parada** 아 빠라-다

교통수단 관련 단어!

◐ 선박여행 관련 단어표현

한국어	포르투갈어	발음
항구	**o porto**	우 뽀-르뚜
여객선	**o navio de passageiros**	우 나비-우 지 빠싸제-이루스
부두	**o cais**	우 까이스
승선권	**o bilhete de embarque**	우 빌예-찌 지 잉바-르끼
선실	**a cabine**	아 까비-니
욕실	**o banheiro**	우 방예-이루
의무실	**a enfermaria**	아 잉페르마리-아
구명부낭	**a bóia salva-vidas**	아 보-이아 싸-우바 비-다스
구명동의	**o colete salva-vidas**	우 꼴레-찌 싸-우바 비-다스
구명보트	**o barco salva-vidas**	우 바-르꾸 싸-우바 비-다스

◐ 지하철 관련 단어표현

한국어	포르투갈어	발음
매표구	**a bilheteria**	아 빌예떼리-아

9. 교통수단

입구	a entrada	아 잉뜨라-다
출구	a saída	아 싸이-다
플랫폼	a plataforma	아 쁠라따포-르마
환승	a transferência	아 뜨랑스페렝-씨아

❥ 택시 관련 단어표현

택시승차장	o ponto de táxi	우 뽕-뚜 지 딱-씨
택시승차장	a parada de táxi	아 빠라-다 지 딱-씨
택시	o táxi	우 딱-씨
택시기사	o motorista de táxi	우 모또리-스따 지 딱-씨
기본요금	a tarifa mínima	아 따리-파 미-니마
할증요금	a tarifa extra	아 따리-파 에-스뜨라
택시요금	a tarifa de táxi	아 따리-파 지 딱-씨
미터계	o taxímetro	아 딱씨-메뜨루
거스름돈	o troco	우 뜨로-꾸

교통수단 관련 단어!

● 렌터카 관련 단어표현

한국어	포르투갈어	발음
보증금	**o depósito**	우 데뽀-지뚜
임대료	**a tarifa de aluguel**	아 따리-파 지 알루게-우
자동차사고보험	**o seguro do carro**	우 쎄구-루 두 까-후
국제면허증	**a carteira internacional de motorista**	아 까르떼-이라 잉떼르나씨오나-우 지 모또리-스따
운전면허증	**a carteira de motorista**	아 까르떼-이라 지 모또리-스따
계약서	**o contrato**	우 꽁뜨라-뚜
주유소	**o posto de gasolina**	우 뽀-스뚜 지 가졸리-나
가득채우다	**completar**	꽁쁠레따-르
도로지도	**o mapa rodoviário**	우 마-빠 호도비아-리우
도로	**a rodovia**	아 호도비-아
유료도로	**a rodovia de pedágio**	아 호도비-아 지 뻬다-지우
연방도로	**a rodovia federal**	아 호도비-아 페데라-우
교차점	**o cruzamento**	우 끄루자멩-뚜
주차장	**o estacionamento**	우 이스따씨오나멩-뚜
일방통행	**a mão única**	아 머-웅 우-니까
양방통행	**a mão dúpla**	아 머-웅 두-쁠라

10. 관광하기!

❶ 관광안내소 정보!

현지의 관광정보는 해당 도시의 관광안내소(**information center**)에서 구하는 것이 좋습니다. 보통 역이나 시내 광장에 위치하고 있으며, ⓘ라고 표시된 간판을 찾아가면 됩니다. 관광안내소에는 기본적으로 그 도시에 대한 각종 안내 자료를 무료로 제공하고 있습니다. 안내소에서는 유명 관광 코스를 안내해 주거나, 각종 요금정보와 버스, 지하철 노선표 그리고 시내관광 지도를 무료로 주거나, 저렴한 숙소에 대한 정보와 예약을 대행해 주기도 합니다.

관광 정보 및 상식! 1.

❷ 시내관광 상식

관광은 개별적으로 지도를 가지고 자유롭게 찾아 다니는 방법과 단체로 정해진 스케줄에 의해 이동을 하는 방법, 간편하게 차내에서 시내를 한바퀴 둘러보는 시티투어 관광법이 있습니다. 시간을 얼마나 할애할 것인가, 여유시간은 얼마나 있느냐에 따라 자신에게 맞는 방법을 정하면 됩니다.

효과적인 관광을 위해서 전날 밤에는 꼼꼼하게 시간계획과 교통편, 가능하다면 지하철의 출구번호까지 간단히 메모를 해두도록 합니다. 이를 위해 시내지도와 노선표는 필수적으로 준비하도록 합니다. 잔돈도 충분히 준비하며, 카메라와 필름도 준비합니다. 관광지도를 이용해 목적지를 찾아가는 방법과 병행해서 상점이나 현지 행인들에게 위치를 물어 보는 것도 좋습니다. 귀중품은 가급적 호텔에 보관시키고, 무거운 짐은 객실에 놔두고 가는 것이 좋으며, 간편한 차림과 간식거리를 챙겨서 나가는 것이 좋습니다. (물, 음료수, 초콜릿, 쿠키 등) 갑작스러운 일기의 변화에 대비해서 우산이나 우비도 작은 가방안에 넣어 가지고 다니는 것이 좋습니다.

❸ 사진촬영 상식

여행지의 생생한 기록은 사진입니다. 요즘은 디지털카메라와 핸디캠의 보급으로 많은 이들의 기록 수단이 되고 있습니다. 주의하실 점은 충전식의 경우 베터리의 재충전을 위해 해당국의 전압과 콘센트 상태를 미리 체크하고 준비하

10. 관광하기!

여야 합니다.

최근 여행자들이 사용하는 방법중에 또 한 가지는 디지털카메라로 찍은 현장사진을 이메일로 한국으로 보내거나, 웹하드에 저장하는 방법이 있습니다. 인터넷카페를 이용해 현장 사진을 고국으로 전하는 방법도 유용할 것입니다.

사진촬영에 있어 유의해야 할 점은 미술관, 박물관 그리고 사원 등에서는 사진촬영이 금지되어 있으며, 군사시설이나 사건현장에서 직무중인 경찰의 모습도 촬영해서는 안 된다는 것입니다. 그리고 관광지역 이외에서의 시설물이나 매장의 촬영은 제재를 받을 수도 있습니다.
개인을 찍을 때에도 반드시 촬영 전에 양해를 구하도록 합니다.

❹ 주요 관광 정보!

낮동안의 도시관광과 함께 추천할 만한 볼거리로는 다양한 연예, 스포츠 등이 있을 수 있습니다. 연예(**entertainment**) 프로그램들은 하루의 피로를 풀어줌과 동시에 그 나라의 문화를 접할 수 있어 특히 권할만한 문화적 여흥거리입니다. 대표적인 공연예술들로는 뮤지컬, 오페라, 콘서트, 발레, 쇼, 연극, 영화를 들 수 있으며, 축제나 거리공연 등도 꼭 보셔야 할 부분입니다.
관람은 먼저 티켓예약부터 시작합니다. 공연작품들에 대한 프로그램을 먼저 체크하고 시즌티켓이나 할인티켓을 찾도록 합니다. 티켓정보는 호텔이나 관광안내소에 알아보시면 되고, 신문이나 공연예술 소식지, 관광정보지(**tourist guide book**)를 통해서도 알아 볼 수 있습니다.

관광 정보 및 상식! 2.

예약 및 예매는 호텔 프론트데스크나 백화점에서 할 수 있으며, 그밖에 티켓에이전트(**ticket agent**), 티켓트론(**ticketron**), 티켓브로커를 통해서도 살 수 있습니다.

❺ 브라질의 관광명소!

● 리우데자네이루

리우데자네이루는 세계적인 휴양지로 잘 알려져 있는 꼬빠까바나 해변이 있는 곳이며, 정열적인 삼바 축제가 열리는 곳입니다. 또한 천혜의 자연 조건으로 하늘빛 바다와 하얀 모래사장, 그리고 푸르른 산이 어울려 자연의 아름다움과 싱그러움을 마음껏 만끽할 수 있는 장소이기도 합니다. 이곳의 관광명소로는 꼬빠까바나 해변과 이빠네마 해안, 예수 그리스도 동상, 국립 역사 박물관, 모던아트 박물관, 그리고 세계에서 가장 큰 축구 경기장인 마라까나 경기장 등입니다.

● 이구아수 폭포

총길이가 5km에 달하는 세계 최대의 폭포로서 브라질, 아르헨티나, 파라과이의 3개국이 국경을 접하고 있는 곳에 위치합니다. 이구아수란 인디언 말로 '엄청난 물'이라는 뜻으로서 폭포 주위에는 울창한 열대림이 있고 그곳에 수많은 동물들이 서식하고 있습니다. 이구아수 폭포는 11월과 다음해 3월 사이의 우기에 관람하기가 가장 좋으며, '악마의 목구멍'이라 불리우는 폭포가 거대하고 웅장해서 사람들이 제일 많이 구경하는 곳입니다.

10. 관광하기!

- **마나우스**

아마존강 유역의 중심도시로서 세계 삼림지역의 1/3에 해당하는 아마존이 있는 곳입니다.

❻ 포르투갈의 관광명소!

- **리스본**

포르투갈의 수도인 리스본은 유럽에서는 접하기 어려운 이슬람 문화가 남아 있는 곳입니다. 이곳의 관광명소로는 포르투갈의 샹젤리제라 불리우는 리베르다드 거리와 꼬메르시우 광장, 상따 주스따 엘레바도르, 제로니무스 수도원, 마차박물관 등이 있습니다.

- **라구스**

항구 도시인 라구스는 세계적인 리조트 지역으로 유명한데, 상뚜 앙또니우 교회, 퐁따 다 방데이라 요새, 도나아나 해안 등이 주요 관광지입니다.

- **파루**

국제적인 관광 도시인 파루에는 카르무 교회, 써웅 프랑시스꾸 교회, 아르꾸 다 빌라, 대사원, 동 프랑시스꾸 고메스 광장 등의 볼거리가 있습니다.

① 관광 시작하기!

❶ 관광안내소는 어디 있습니까?

❷ 여행안내서를 얻을 수 있습니까?

❸ 흥미로운 몇 곳을 말씀해 주시겠습니까?

❹ 시내지도 있습니까?

❺ 어디에서 출발합니까?

❻ 한 사람에 얼마입니까?

❼ 하루에 얼마입니까?

❽ 관광하는 곳을 말해 주시겠어요?

❾ 유람선 타는 곳은 어디입니까?

10. 관광하기!

① Onde fica o posto de informações?
옹-지 피-까 우 뽀-스뚜 지 잉포르마쏭-이스

② Pode me dar um guia turistico?
뽀-지 미 다르 웅 기-아 뚜리-스찌꾸

③ Pode me dizer alguns pontos interessantes?
뽀-지 미 지제-르 아우궁-스 뽕-뚜즈 잉떼레쌍-찌스

④ Pode me dar um mapa da cidade?
뽀-지 미 다르 웅 마-빠 다 씨다-지

⑤ De onde parte?
지 옹-지 빠-르찌

⑥ Quanto é por pessoa?
꽝-뚜 에 뽀르 뻬쏘-아

⑦ Quanto é a diária?
꽝-뚜 에 아 지아-리아

⑧ Quais lugares que vamos visitar?
꽈이스 루가-리스 끼 바-모스 비지따-르

⑨ Onde embarcamos no barco de turismo?
옹-지 잉바르까-무스 누 바-르꾸 지 뚜리-즈무

❷ 길 물어보기! 1.

❶ 실례합니다. 길을 잃었습니다.

❷ 여기가 어디입니까?

❸ 여기가 무슨 거리입니까?

❹ 어느 쪽이 북쪽입니까?

❺ 지도상으로 제가 어디에 있는 건가요?

❻ 지하철역에는 어떻게 가야 하나요?

❼ 한국대사관이 어디 있는지 아십니까?

❽ 그곳까지 걸어갈 수 있나요?

❾ 가장 가까운 화장실은 어디에 있습니까?

10. 관광하기!

❶ Com licença. Estou perdido.
꽁 리쌩-싸 이스또-우 뻬르지-두

❷ Onde estamos?
옹-지 이스따-무스

❸ Qual é o nome desta rua?
꽈우 에 우 노-미 데스따 후아

❹ Onde é o norte?
옹-지 에 우 노-르찌

❺ Onde estou agora no mapa?
옹-지 이스또-우 아고-라 누 마-빠

❻ Como posso chegar na estação de metrô?
꼬-무 뽀-쑤 쉐가-르 나 이스따써-웅 지 메뜨로-

❼ Sabe onde fica a Embaixada da Coréia?
싸-비 옹-지 피-까 아 잉바이샤-다 다 꼬레-이아

❽ Posso ir a pé até lá?
뽀-쑤 이르 아 뻬 아떼- 라

❾ Onde fica o banheiro mais próximo?
옹-지 피-까 우 방예-이루 마이스 쁘로-씨무

빠르게 찾고 쉽게 말하는 여행회화! 여러분의 여행을 보다 즐겁고 편안하게 만들어 드립니다!!

❸ 길 물어보기! 2.

❿ 여기서 얼마나 멉니까?

⓫ 얼마나 걸릴까요?

⓬ 힐튼 호텔은 여기서 멉니까?

⓭ 어떻게 가야 합니까?

⓮ 저는 이곳을 잘 모릅니다.

⓯ 여기에 약도를 그려 주십시오.

⓰ 그곳은 버스로 갈 수 있습니까?

⓱ 지금 제가 있는 곳을 지도에 표시해 주세요.

⓲ 감사합니다. 그쪽으로 가보겠습니다.

10. 관광하기!

❿ Qual é a distância daqui?
꽈우 에 아 지스땅-씨아 다끼-

⓫ Quanto tempo se leva?
꽝-뚜 뗑-뿌 씨 레-바

⓬ O Hotel Hilton fica muito longe daqui?
오 오떼-우 이-우똥 피-까 무-이뚜 롱-지 다끼-

⓭ Como posso ir até lá?
꼬-무 뽀-쑤 이르 아떼- 라

⓮ Não conheço este lugar.
너웅 꽁예-쑤 에-스찌 루가-르

⓯ Pode me desenhar um mapinha?
뽀-지 미 데젱야-르 웅 마삥-야

⓰ Posso ir de ônibus?
뽀-쑤 이르 지 오-니부스

⓱ Pode apontar no mapa onde estou agora?
뽀-지 아뽕따-르 누 마-빠 옹-지 이스또-우 아고-라

⓲ Obrigado. Vou para lá.
오브리가-두 보우 빠-라 라

빠르게 찾고 쉽게 말하는 여행회화! 여러분의 여행을 보다 즐겁고 편안하게 만들어 드립니다!!

④ 기념사진 찍기!

❶ 사진 좀 찍어주시겠어요?

---

❷ 이 버튼을 누르시기만 하면 돼요.

---

❸ 준비됐습니다. 그럼 찍으세요.

---

❹ 그럼 찍습니다.

---

❺ 한 장 더 부탁합니다.

---

❻ 여기서 사진을 찍어도 됩니까?

---

❼ 저와 함께 사진을 찍을 수 있을까요?

앗! 단어장!

tirar a foto(찌라-르 아 포-뚜) : 사진찍다
somente(쏘맹-찌) : 단지
apertar(아뻬르따-르) : 누르다

10. 관광하기!

❶ Pode tirar uma foto para mim?
뽀-지 찌라-르 우-마 포-뚜 빠-라 밍

❷ É só apertar este botão.
에 쏘 아뻬르따-르 에-스찌 보떠-웅

❸ Pronto. Pode tirar a foto.
쁘롱-뚜 뽀-지 찌라-르 아 포-뚜

❹ Vou apertar o botão.
보우 아뻬르따-르 우 보떠-웅

❺ Mais uma foto, por favor.
마이즈 우-마 포-뚜 뽀르 파보-르

❻ Posso tirar a foto aqui?
뽀-쑤 찌라-르 아 포-뚜 아끼-

❼ Pode tirar uma foto junto comigo?
뽀-지 찌라-르 우-마 포-뚜 중-뚜 꼬미-구

앗! 단어장!

o botão(우 보떠-웅) : 버튼
pronto(쁘롱-뚜) : 준비된
a foto(아 포-뚜) : 사진

✚ 관광 관련 단어! 1.

● 관광 관련 단어표현

한국어	포르투갈어	발음
관광	**o turismo**	우 뚜리-즈무
명소	**o ponto de atração**	우 뽕-뚜 지 아뜨라써-웅
박람회	**a exposição**	아 이스뽀지써-웅
박물관	**o museu**	우 무제-우
화랑	**a galeria**	아 갈레리-아
수족관	**o aquário**	우 아꽈-리우
동물원	**o jardim zoológico**	우 쟈르징 쥬울로-쥐꾸
식물원	**o jardim botânico**	우 쟈르징 보따-니꾸
교외	**o subúrbio**	우 쑤부-르비우
시내중심	**o centro da cidade**	우 쌩뜨루 다 씨다-지
공원	**o parque**	우 빠-르끼
놀이공원	**o parque de diversão**	우 빠-르끼 지 지베르써-웅
축제	**o festival**	우 페스찌바-우
특별행사	**o evento especial**	우 이벵-뚜 이스뻬씨아-우
행사	**o evento**	우 이벵-뚜
연중행사	**o evento anual**	우 이벵-뚜 아누아-우

10. 관광하기!

● 사진 관련 단어표현

현상	**a revelação**	아 헤벨라써-웅
인화	**a impressão**	아 잉쁘레써-웅
컬러필름	**o filme colorido**	우 피-우미 꼴로리-두
슬라이드필름	**o filme de slide**	우 피-우미 지 이슬라-이지
흑백필름	**o filme em preto e branco**	우 피-우미 잉 쁘레-뚜 이 브랑-꾸
건전지	**a bateria**	아 바떼리-아
확대	**a ampliação**	아 앙쁠리아써-웅
네거티브필름	**o filme negativo**	우 피-우미 네가찌-부

● 시내관광 관련 단어표현

이쪽	**este lado**	에-스찌 라-두
저쪽	**outro lado**	오-우뜨루 라-두
앞	**a frente**	아 프렝-찌
뒤	**o fundo**	우 풍-두
옆	**o lado**	우 라-두
반대편	**o lado oposto**	우 라-두 오뽀-스뚜

관광 관련 단어! 2.

한국어	포르투갈어	발음
오른쪽	a direita	아 지레-이따
오른쪽으로	à direita	아 지레-이따
왼쪽	a esquerda	아 이스께-르다
왼쪽으로	à esquerda	아 이스께-르다
곧장	direto	지레-뚜
도로	a estrada	아 이스뜨라-다
보도	a calçada	아 까우싸-다
횡단보도	a faixa de pedestres	아 파-이샤 지 뻬데-스뜨리스
사거리	o cruzamento	우 끄루자멩-뚜
구획	o quarteirão	우 꽈르떼이러-웅
차선	a pista	아 삐-스따
버스정류장	o ponto de ônibus	우 뽕-뚜 지 오-니부스
택시승차장	o ponto de táxi	우 뽕-뚜 지 딱-씨
지하철역	a estação de metrô	아 이스따써-웅 지 메-뜨루
기차역	a estação de trem	아 이스따써-웅 지 뜨렝
시장	o mercado	우 메르까-두
상가	o centro comercial	우 쎙-뜨루 꼬메르씨아-우
광장	a praça	아 쁘라-싸
공원	o parque	우 빠-르끼
시내중심가	o centro da cidade	우 쎙뜨루 다 씨다-지

10. 관광하기!

● 거리의 경고 표시들!

한국어	Português	발음
주의!	**Cuidado**	꾸이다-두
위험!	**Perigo**	뻬리-구
경고!	**Aviso**	아비-주
안내	**Informação**	잉포르마써-웅
계단이용!	**Use a escada**	우-지 아 이스까-다
고장!	**Quebrado**	께브라-두
출입금지!	**Proibido entrar**	쁘로이비-두 잉뜨라-르
통행금지!	**Proibido passar**	쁘로이비-두 빠싸-르
영업중	**Aberto**	아베-르뚜
폐점	**Fechado**	페샤-두
미시오!	**Empurre**	잉뿌-히
당시시오!	**Puxe**	뿌-쉬
입구	**Entrada**	잉뜨라-다
출구	**Saída**	싸이-다
비상구	**Saída de emergência**	싸이-다 지 이메르젱-씨아
화장실	**Banheiro**	방예-이루
화장실	**Toalete**	또알레-찌
남자화장실	**Homens/Cavalheiros**	오-멩스/까발예-이루스
여자화장실	**Mulheres/Damas**	물예-리스/다-마스

❺ 공연의 관람! 1.

❶ 몇 시 상영표가 있습니까?

❷ 입장료는 얼마입니까?

❸ 이 영화가 정말 보고 싶었어요.

❹ 어른 2장 주세요.

❺ 가장 싼 좌석으로 2장 주십시오.

❻ 아직 좌석이 있습니까?

❼ 영화관은 어디에 있습니까?

❽ 오페라를 보고 싶습니다.

❾ 오페라는 어디서 관람할 수 있습니까?

10. 관광하기!

❶ Em que sessão tem lugar disponível?
잉 끼 쎄써-옹 뗑 루가-르 지스뽀니-베우

❷ Quanto custa a entrada?
꽝-뚜 꾸-스따 아 잉뜨라-다

❸ Queria muito ver esse filme.
께리-아 무-이뚜 베르 에-씨 피-우미

❹ 2 bilhetes para adultos, por favor.
도이스 빌예-찌스 빠라 아두-우뚜스 뽀르 파보-르

❺ 2 bilhetes dos mais baratos, por favor.
도이스 빌예-찌스 두스 마이스 바라-뚜스 뽀르 파보-르

❻ Tem lugar disponível ainda?
뗑 루가-르 지스뽀니-베우 아잉-다

❼ Onde fica o cinema?
옹-지 피-까 우 씨네-마

❽ Gostaria muito de ver a Ópera.
고스따리-아 무-이뚜 지 베르 아 오-페라

❾ Onde posso assitir a Ópera?
옹-지 뽀-쑤 아씨스찌-르 아 오-뻬라

빠르게 찾고 쉽게 말하는 여행회화! 여러분의 여행을 보다 즐겁고 편안하게 만들어 드립니다!!

❻ 공연의 관람! 2.

❿ 지금은 어떤 영화가 상영되고 있습니까?

⓫ 지금 인기있는 연극은 무엇입니까?

⓬ 주인공은 누구 누구입니까?

⓭ 공연 날짜는 언제인가요?

⓮ 입구는 어디입니까?

⓯ 공연은 몇 시에 시작합니까?

⓰ 몇 시에 끝납니까?

⓱ 여기 자리 있습니까?

⓲ 그 영화는 자막이 나옵니까?

10. 관광하기!

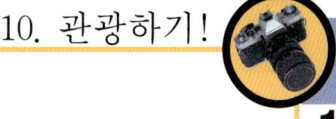

❿ O que está passando no cinema?
우 끼 이스따- 빠쌍-두 누 씨네-마

⓫ Qual é a peça teatral mais assistida?
꽈-우 에 아 뻬-싸 찌아뜨라-우 마이스 아씨스찌-다

⓬ Quem são os atores principais?
껭 써-웅 우즈 아또-리스 쁘링씨빠-이스

⓭ Quais são os dias de apresentação?
꽈이스 써-웅 우스 지아스 지 아쁘레젱따써-웅

⓮ Onde é a entrada?
옹-지 에 아 잉뜨라-다

⓯ A que horas começa a peça?
아 끼 오-라스 꼬메-싸 아 뻬-싸

⓰ A que horas termina?
아 끼 오-라스 떼르미-나

⓱ Este assento está ocupado?
에-스찌 아쌩-뚜 이스따- 오꾸빠-두

⓲ O filme tem legenda?
우 피-우미 뗑 레젱-다

7 나이트 클럽!

❶ 댄스클럽에 가고 싶습니다.

❷ 근처에 디스코텍이 있습니까?

❸ 몇 시에 오픈합니까?

❹ 입장료는 얼마입니까?

❺ 입장료에 음료수값이 포함된 것입니까?

❻ 음료수 값은 별도입니다.

❼ 저와 춤추시겠습니까?

o show(우 쇼우) : 쇼
a hora(아 오-라) : 시간
a dança(아 당-싸) : 춤

10. 관광하기!

❶ Gostaria de ir dançar na danceteria.
고스따리-아 지 이르 당싸-르 나 당쎄떼리-아

❷ Há uma discoteca na cidade?
아 우-마 지스꼬떼-까 나 씨다-지

❸ A que horas abre?
아 끼 오-라스 아-브리

❹ Qual é a consumação mínima?
꽈-우 에 아 꽁쑤마써-웅 미-니마

❺ A entrada está incluída na consumação mínima?
아 잉뜨라-다 이스따- 잉끌루이-다 나 꽁쑤마써-웅 미-니마

❻ A bebida não está incluída.
아 베비-다 너웅 이스따- 잉끌루이-다

❼ Quer dançar comigo?
께르 당싸-르 꼬미-구

앗! 단어장!

a danceteria(아 당쎄떼리-아) : 댄스클럽
dançar(당싸-르) : 춤추다

❽ 스포츠 즐기기!

❶ 어떤 운동을 좋아하십니까?

❷ 야구를 제일 좋아합니다.

❸ 저는 수영을 좋아합니다.

❹ 내 취미는 축구를 하는 것입니다.

❺ 축구 시합을 보고 싶습니다.

❻ 어느 팀들이 시합을 벌이고 있나요?

❼ 낚시하러 가고 싶습니다.

❽ 골프를 치고 싶습니다.

❾ 좋아하는 선수는 누구입니까?

10. 관광하기!

❶ Que esporte você gosta?
끼 이스뽀-르찌 보쎄- 고-스따

❷ Gosto mais de beisebol.
고-스뚜 마이스 지 베이제-보우

❸ Gosto de nadar.
고-스뚜 지 나다-르

❹ Meu hobby é futebol.
메우 호-비 에 푸찌보-우

❺ Gostaria de assitir ao jogo de futebol.
고스따리-아 지 아씨스찌-르 아우 죠-구 지 푸찌보-우

❻ Quais times estão jogando?
꽈이스 찌-미스 이스떠-웅 죠강-두

❼ Gostaria de ir pescar.
고스따리-아 지 이르 뻬스까-르

❽ Gostaria de jogar golfe.
고스따리-아 지 죠가-르 고-우피

❾ Quem é o seu jogador favorito?
껭 에 우 쎄우 죠가도-르 파보리-뚜

✚ 오락 관련 단어! 1.

● 공연예술 관련 단어표현

음악회	**o concerto**	우 꽁쎄-르뚜
쇼	**o show**	우 쇼우
연극	**a peça teatral**	아 뻬-싸 찌아뜨라-우
뮤지컬	**a comédia musical**	
	아 꼬메-지아 무지까-우	
오페라	**a ópera**	아 오-뻬라
발레	**o balé**	우 발레-
영화	**o filme**	우 피-우미
영화관	**o cinema**	우 씨네-마
극장	**o teatro**	우 찌아-뜨루
댄스홀	**a danceteria**	아 당쎄떼리-아

● 공연예매 관련 단어표현

표소	**a bilheteria**	아 빌예떼리-아
예매권	**o bilhete de reserva antecipada**	
	우 빌예찌 지 헤제-르바 앙떼씨빠-다	
어른	**o adulto**	우 아두-우뚜

10. 관광하기!

어린이	**a criança**	아 끄리앙-싸
학생	**o estudante**	우 이스뚜당-찌
예약석	**o assento reservado**	
	우 아쌩-뚜 헤제르바-두	
자유석	**o assento livre**	
	우 아쌩-뚜 리-브리	
특별석	**o assento especial**	
	우 아쌩-뚜 이스뻬씨아-우	
공연	**o espetáculo**	우 이스뻬따-꿀루
리허설	**o ensaio**	우 잉싸-이우
공연(상연)	**o perfomance**	우 뻬르포망-씨
휴식시간	**o intervalo**	우 잉떼르발-루

● 스포츠 관련 단어표현

축구	**o futebol**	우 푸찌보-우
야구	**o beisebol**	우 베이제보-우
수영	**a natação**	아 나따써-웅
수영장	**a piscina**	아 삐씨-나
골프	**o golfe**	우 고-우피

오락 관련 단어! 2.

골프장	**o campo de golfe**
	우 깡-뿌 지 고-우피
테니스	**o tênis** 우 떼-니스
테니스코트	**a quadra de tênis**
	아 꽈-드라 지 떼-니스
캠핑	**o acampamento** 우 아깡빠멩-뚜
등산	**escalar a montanha**
	이스깔라-르 아 몽땅-야
캠프장	**o campo para acampar**
	우 깡-뿌 빠-라 아깡빠-르
낚시	**a pesca** 아 뻬-스까
보트	**o barco** 우 바-르꾸
수상스키	**o esqui aquático**
	우 이스끼- 아꽈-찌꾸
카누	**a canoa** 아 까노-아
자전거	**a bicicleta** 아 비씨끌레-따
조정	**o remo** 우 헤-무
스키	**o esqui** 우 이스끼-
야외스포츠	**o esporte ao ar livre**
	우 이스뽀-르찌 아우 아르 리-브리
사이클링	**o ciclismo** 우 씨끌리-즈무

11. 사고상황의 대처

❶ 문제상황의 발생!

해외여행 중에 예기치 않은 사고나 돌발사태가 있을 수 있습니다. 중요한 것은 당황하지 말고 침착하게 대처하는 것입니다. 언어가 제대로 소통되지 않는 상황에서 흥분하고 큰소리로 사정을 외쳐도 도움을 구하긴 결코 쉽지 않습니다. 만약 신변의 위험을 느끼는 상황이라면 주저하지 말고 곧바로 가까운 경찰관이나 경찰서, 대사관 등을 찾으시고, 물건을 도난당하거나 분실했을 때, 또 다쳤을 때는 긴급구조나 경찰서에 즉시 연락을 취하십시오. 특히 보관, 관리에 신경써야 할 것은 여권인데 경비와 별도로 깊은 곳에 잘 보관해야 하겠습니다.

분실, 도난, 사고?

❷ 분실 도난사고시!

ⓐ 여권을 분실했을 때 :
여권을 분실해 재발급을 받으려면 상당한 시간이 소요됩니다. 전체 여행에 차질을 빚을 수 있으므로 가능한 한 빨리 한국대사관이나 총영사관에 연락한 후 '여행자증명서'를 발급 받도록 합니다. 여권 및 여행자 증명서를 재발급 받기 위한 구비서류로는 ① 여권 도난 / 분실 증명서 (현지 경찰 발급), ② 일반여권 재발급신청서 2통, ③ 신분증, ④ 사진 2매, ⑤ 분실한 여권의 번호와 교부일자 등을 준비해야 합니다. 이럴 경우를 대비해 여권 앞면을 복사해서 보관하고 있어야 합니다.

ⓑ 여행자수표를 분실했을 때 :
재발행은 두 번째의 사인을 하지 않은 미사용분만 가능합니다. 재발행을 위해서는 ① 분실증명서(경찰서에서 발급), ② 발행 증명서(구입시 은행에서 준 것), ③ 여권이나 운전면허증 등의 신분증을 지참하고 발행 은행의 현지 지점으로 가시면 됩니다. 아직 사용하지 않은 수표의 번호는 항상 기록해 두도록 합니다.

ⓒ 항공권을 분실했을 때 :
발권 항공사의 대리점으로 가서 재발급 신청을 합니다. ① 항공권번호, ② 발권일자, ③ 구간, ④ 복사본이 있으면 편리하며, 소요시간은 약 1주일정도 걸립니다. 시간이 촉박할 때는 일단 새로 비행기표를 사고, 나중에 환불 받는 방법을 취하도록 하십시오.

ⓓ 크레디트카드를 분실했을 때 :
카드발행회사에 즉시 신고합니다. 카드번호와 유효기간 등은 반드시 따로 메모해 둡니다. 보통 지갑과 함께 잃

11. 사고상황의 대처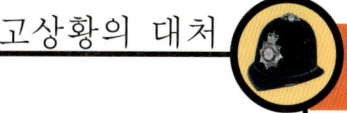

어버려 현금과 다른 신분증을 함께 잃어 버리는 경우가 많은데 이를 위해 현금과 카드는 분산해서 소지하고 한국으로부터 송금받을 경우에 대해서도 대비를 하도록 합니다.

ⓔ 유레일패스를 분실했을 때 :
유레일패스는 재발행이 불가능하기 때문에 분실하지 않는 수밖에 없습니다.

ⓕ 배낭 또는 기타 물건을 분실했을 때 :
가방을 분실하거나 도난 당했을 경우, 현지 경찰의 분실증명서를 발급 받아야 합니다. 보험가입자의 경우 귀국 후 보험청구시에 반드시 필요한 서류가 됩니다. 항공기의 운송사고의 경우는 사고보상에 따른 일체를 항공사가 배상합니다.

✚ 도난사고의 예방!

도난사고에 대비하는 준비도 중요하지만 그보다 더 중요한 것은 도난이나 범죄의 가능성을 줄이는 것, 즉 예방입니다. 특히 도난사고가 빈번한 장소로는 공항, 기차역, 호텔로비, 유명관광지 등을 들 수 있으며, 밤길, 유흥가, 뒷골목은 강도 범죄가 다발하고 있어 특히 주의를 요합니다. 귀중품은 호텔 프론트에 맡기는 것도 좋은 방법입니다.

빠르게 찾고 쉽게 말하는 여행회화! 여러분의 여행을 보다 즐겁고 편안하게 만들어 드립니다!!

분실, 도난, 사고?

❸ 교통사고 발생시!

사고가 발생하면 우선 경찰에 신고하십시오. 경찰 조사가 공정하지 않다고 판단되거나 정확한 과실 규명이 필요할 때는 한국대사관이나 총영사관에 연락해 도움을 구합니다. 특히 접촉사고시에 어느 쪽의 과실인지 정확히 밝혀지지 않은 상태에서 예의상 먼저 **'I'm sorry.'**(미안합니다.)라고 해서는 곤란합니다. 이는 '자신의 과실로 인정한다.'는 뜻이 될 수도 있기 때문입니다. 렌트카의 경우도 과실여부에 따라 전액 보험처리가 되므로 절대 흥분하지 말고 사고처리가 이루어질 때까지 사고 조사의 과정을 잘 지켜봐야 하겠습니다.

❹ 질병에 대한 대비!

기후, 시차 및 식사 등 갑작스러운 변화로 몸에 탈이 생겨 여행에 차질을 빚게 되는 경우가 종종 있습니다. 최근에 해외여행자 보험이 현지 병원과 약국의 도움을 받을 수 있는 보험상품까지 소개되고 있어 여행중의 부상에 대해 다소 걱정을 덜 수 있게 되었습니다. 그럼에도 불구하고 기본적인 비상약은 반드시 챙겨 나가야 하는데 이는 간단한 약품일지라도 나라에 따라서는 쉽게 살 수 없기 때문입니다. 배탈 설사는 여행지에서 가장 흔한 일로 '정로환' 정도는 필수로 챙겨 가셔야 합니다. 그리고 평소에 건강이 좋지 않으신 분은 복용하시던 약을 여유분까지 충분히 준비해 나가셔야 하며, 만성 질환자의 경우는 영문 처방전을 소지하시는 것이 좋습니다. 병원치료 후에는 반드시 영수증을 받아 추후 보험료를 신청하도록 하며, 장기적으로 입원 치료를 받아야 할 사태

11. 사고상황의 대처

라면 한국으로 이를 알려 친지의 도움을 구하셔야 하겠습니다. 그밖의 질환은 가능한한 귀국후에 치료를 받도록 합니다. 충분한 의사소통이 이루어지지 않은 상태에서 큰 수술을 내맡기기에는 무리가 따르기 때문입니다.

❺ 약국의 처방!

의약 분업이 실시되고 있으므로 의사의 처방전이 없이는 약을 살 수 없습니다. 일반적으로 약국에서 바로 살 수 있는 약은 간단한 외상제, 소화제, 가벼운 감기약 정도이며 항생제나 기타 약품은 구입할 수가 없습니다. 그러므로 여행 중에 발생할 수 있는 간단한 질병에 대한 상비약이나 복용하고 있던 약이 있는 사람은 여행 전에 넉넉히 준비해 가는 것이 좋겠습니다. 또한 병중이거나 병력이 있을 시에는 위급할 경우를 대비해서 영문 진단서를 여권 속에 넣어 보관하도록 합니다.

✚ 여행자 필수 메모장~!

여권과 비자 : 여권번호, 유효기간, 발행일, 발행지, 해당지역의 한국공관 연락처 (여권사본)
항공권 : 항공권번호, 발행일, 관련항공사의 현지 연락처
여행자수표 : 여행자수표 일련번호, 구입일, 관련 은행 연락처
신용카드 : 카드번호, 발급회사 연락처, 분실신고서(증명서)

빠르게 찾고 쉽게 말하는 여행회화! 여러분의 여행을 보다 즐겁고 편안하게 만들어 드립니다!!

❶ 분실사고시! 1.

❶ 여권을 분실했습니다.

❷ 여행자수표를 분실했습니다.

❸ 택시에 가방을 놓고 내렸습니다.

❹ 카메라를 잃어버렸어요.

❺ 어제 지하철에서 소매치기 당했습니다.

❻ 한국어가 가능한 사람을 불러주십시오.

❼ 한국대사관에 연락해 주십시오.

11. 사고상황의 대처

❶ Eu perdi o meu passaporte.
에우 뻬르지- 우 메우 빠싸뽀-르찌

❷ Perdi meus cheques de viagem.
뻬르지- 메우스 쉐-끼스 지 비아-젱

❸ Esqueci minha mala no táxi.
이스께씨- 밍-야 말-라 누 딱-씨

❹ Perdi minha câmera.
뻬르지- 밍야 까-메라

❺ Roubaram minha carteira ontem no metrô.
호우바-러웅 밍-야 까르떼-이라 옹-뗑 누 메뜨로

❻ Pode chamar alguém que fale coreano?
뽀-지 샤마-르 아우겡- 끼 팔-리 꼬레아-누

❼ Por favor, ligue para a Embaixada da Coréia.
뽀르 파보-르 리-기 빠-라 아 잉바이샤-다 다 꼬레-이아

❷ 분실사고시! 2.

❽ 이 전화번호로 연락주세요.

❾ 여권을 재발행 받으러 왔습니다.

❿ 오늘 재발행됩니까?

⓫ 어디서 그것을 재발행 받을 수 있습니까?

⓬ 제 신용카드를 취소해 주세요.

⓭ 분실한 여행자수표를 취소하고, 재발행 받고 싶습니다.

⓮ 분실물 신고 센터가 어디에 있습니까?

11. 사고상황의 대처

❽ Por favor, entre em contato comigo neste número.
뽀르 파보-르 엥-뜨리 잉 꽁따-뚜 꼬미-구 네-스찌 누-메루

❾ Vim tirar a segunda via do passaporte.
빙 찌라-르 아 쎄궁-다 비아 두 빠싸뽀-르찌

❿ Pode me emitir a segunda via hoje?
뽀-지 미 에미찌-르 아 쎄궁-다 비아 오-쥐

⓫ Onde posso tirar a segunda via?
옹-지 뽀-쑤 찌라-르 아 쎄궁-다 비아

⓬ Por favor, cancele o meu cartão de crédito.
뽀르 파보-르 깡쎌-리 우 메우 까르떠-웅 지 끄레-지뚜

⓭ Gostaria de cancelar os meus cheques perdidos e receber os novos.
고스따리-아 지 깡쎌라-르 우즈 메우스 쉐-끼스 뻬르지-두즈 이 헤쎄베-르 우스 노-부스

⓮ Onde é a seção de achados e perdidos, por favor?
옹-지 에 아 쎄써-웅 지 아샤-두즈 이 뻬르지-두스 뽀르 파보-르

❸ 사고의 신고!

❶ 여보세요. 경찰서죠?

❷ 경찰서 좀 대 주세요.

❸ 제 지갑을 소매치기 당했어요.

❹ 자동차 사고를 신고하고자 합니다.

❺ 화재발생 신고를 하려 합니다.

❻ 충돌사고가 났어요.

❼ 여기 부상자 한 사람이 있습니다.

❽ 머리에서 피가 납니다.

❾ 앰뷸런스를 좀 불러주세요.

11. 사고상황의 대처

❶ Alô, é da polícia?
알로- 에 다 뽈리-씨아

❷ Polícia, por favor.
뽈리-씨아 뽀르 파보-르

❸ Roubaram minha carteira.
호우바-러웅 밍-야 까르떼-이라

❹ Gostaria de avisar de um acidente de carro.
고스따리-아 지 아비자-르 지 웅 아씨뎅-찌 지 까-후

❺ Gostaria de avisar de um incêndio.
고스따리-아 지 아비자-르 지 웅 잉쌩-지우

❻ Houve uma colisão de carros.
오-우비 우-마 꼴리저-웅 지 까-후스

❼ Há uma pessoa ferida aqui.
아 우-마 뻬쏘-아 페리-다 아끼-

❽ A cabeça está sangrando.
아 까베-싸 이스따- 쌍그랑-두

❾ Chamem uma ambulância, por favor.
샤-멩 우-마 앙불랑-씨아 뽀르 파보-르

④ 긴급! 간단표현!

❶ 응급상황입니다!

❷ 193으로 전화해주세요.

❸ 경찰을 불러 주세요!

❹ 도둑이다! 도둑 잡아라!

❺ 불이야!

❻ 도와주세요!

❼ 조심해요!

❽ 엎드려!

❾ 움직이지 마!

11. 사고상황의 대처

❶ Emergência!
이메르젱-씨아

❷ Chame 193.
샤-미 웅 노-비 뜨레스

❸ Chamem a polícia, por favor.
샤-멩 아 뽈리-씨아 뽀르 파보-르

❹ Ladrão! Peguem o ladrão!
라드러-웅 뻬-겡 우 라드러-웅

❺ Incêndio!
잉쌩-지우

❻ Ajude!
아쥬-지

❼ Cuidado!
꾸이다-두

❽ Ajoelhe!
아죠엘-이

❾ Não se mexa!
너웅 씨 메-샤

❺ 병원 치료!

❶ 병원에 데려다 주세요.

❷ 구급차를 불러 주세요.

❸ 의사를 불러 주세요.

❹ 여기에 통증이 있습니다.

❺ 머리가 아픕니다. / 열이 있습니다.

❻ 현기증이 납니다.

❼ 설사를 합니다.

❽ 발목을 삐었어요.

❾ 배가 아픕니다.

11. 사고상황의 대처

❶ Leve-me ao hospital, por favor.
레-비 미 아우 오스삐따-우 뽀르 파보-르

❷ Chame uma ambulância, por favor.
샤-미 우-마 앙불랑-씨아 뽀르 파보-르

❸ Chame um médico, por favor.
샤-미 웅 메-지꾸 뽀르 파보-르

❹ Sinto dor aqui.
씽-뚜 도르 아끼-

❺ Estou com dor de cabeça./ Estou com febre.
이스또-우 꽁 도르 지 까베-싸 이스또-우 꽁 페-브리

❻ Estou com vertigem.
이스또-우 꽁 베르찌-젱

❼ Estou com diarréia.
이스또-우 꽁 지아헤-이아

❽ Torci meu tornozelo.
또르씨- 메우 또르노젤-루

❾ Estou com dor de estômago.
이스또-우 꽁 도르 지 이스또-마구

❻ 약국의 처방!

❶ 이 처방대로 약 좀 조제해 주시겠어요?

❷ 감기약 좀 주십시오.

❸ 두통에 좋은 약 좀 주세요.

❹ 소화불량에 좋은 약 좀 주세요.

❺ 하루에 약을 몇 회나 복용합니까?

❻ 이 약을 하루 3번 식후 30분에 드세요.

❼ 처방전 없이 이 약을 팔 수 없습니다.

11. 사고상황의 대처

❶ Pode me dar os remédios conforme a receita?
뽀-지 미 다르 우스 헤메-지우스 꽁포-르미 아 헤쎄-이따

❷ Gostaria de um remédio para gripe, por favor.
고스따리-아 지 웅 헤메-지우 빠-라 그리-뻬 뽀르 파보-르

❸ Um remédio para dor de cabeça, por favor.
웅 헤메-지우 빠-라 도르 지 까베-싸 뽀르 파보-르

❹ Um remédio para indigestão, por favor.
웅 헤메-지우 빠-라 잉지제스떠-웅 뽀르 파보-르

❺ Quantas vezes devo tomar por dia?
꽝-따스 베-지스 데-부 또마-르 뽀르 지아

❻ 3 vezes por dia, 30 minutos após as refeições.
뜨레스 베-지스 뽀르 지아 뜨링-따 미누-뚜즈 아뽀-즈 아스 뜨레스 헤페이쏭-이스

❼ Sem a receita médica, não posso vender.
쌩 아 헤쎄-이따 메-지까 너웅 뽀-쑤 벵데-르

사고상황 관련 단어!

◑ 사고 관련 단어표현

한국어	포르투갈어	발음
경찰서	**a delegacia de polícia**	아 델레가씨-아 지 뽈리-씨아
경찰	**a polícia**	아 뽈리-씨아
경찰관	**o policial**	우 뽈리씨아-우
파출소	**o posto policial**	우 뽀-스뚜 뽈리씨아-우
여권	**o passaporte**	우 빠싸뽀-르찌
지갑	**a carteira**	아 까르떼-이라
현금	**o dinheiro**	우 징예-이루
귀금속	**o metal precioso**	우 메따-우 쁘레씨오-주
보석	**a jóia**	아 죠-이아
분실증명서	**o boletim de ocorrência de extravios**	우 볼레찡- 지 오꼬헹-씨아 지 이스뜨라비-우스
도난증명서	**o boletim de ocorrência de roubos**	우 볼레찡- 지 오꼬헹-씨아 지 호-우부스
재발행하다	**reemitir**	헤에미찌-르
도둑	**o ladrão**	우 라드러-웅
도난	**o roubo**	우 호-우부
강도	**o assalto**	우 아싸-우뚜

11. 사고상황의 대처

◯ 병원 관련 단어표현

병원	o hospital	우 오스삐따-우
의사	o médico	우 메-지꾸
응급처치	o primeiro-socorro	
	우 쁘리메-이루 쏘꼬-후	
구급차	a ambulância	아 앙불랑-씨아
환자	o paciente	우 빠씨엥-찌
입원	a hospitalização	
	아 오스삐딸리자써-웅	
몸	o corpo	우 꼬-르뿌
머리	a cabeça	아 까베-싸
코 / 귀	o nariz / a orelha	
	우 나리-스/아 오렐-야	
입 / 목	a boca / o pescoço	
	아 보-까/우 뻬스꼬-쑤	
손 / 팔	a mão / o braço	
	아 머웅/우 브라-쑤	
발 / 다리	o pé / a perna	
	우 뻬/ 아 뻬-르나	
가슴	o peito	우 뻬-이뚜
등 / 허리	as costas /a cintura	
	아스 꼬-스따스/아 씽뚜-라	
심장 / 간장	o coração / o fígado	
	우 꼬라써-웅/우 피-가두	

🏥 사고상황 관련 단어!

수술	**a operação**	아 오뻬라써-웅
처방	**a receita**	아 헤쎄-이따
체온	**a temperatura**	아 뗑뻬라뚜-라
열	**a febre**	아 페-브리
맥박	**o pulso**	우 뿌-우쑤
혈압	**a pressão sanguínea** 아 쁘레써-웅 쌍기-니아	

● 질병 관련 단어표현

현기증	**a vertigem**	아 베르찌-젱
기침	**a tosse**	아 또-씨
재채기	**o espirro**	우 이스뻬-후
감기	**o resfriado**	우 헤스프리아-두
유행성 감기	**a gripe**	아 그리-삐
천식	**a asma**	아 아-즈마
폐렴	**a pneumonia**	아 뻬네우모니-아
불면증	**a insônia**	아 잉쏘-니아

12. 귀국 준비!

❶ 귀국 준비!

여행일정을 마무리하고 귀국을 준비하는 단계입니다. 먼저 개인짐을 잘 정리해서 가방의 부피를 최대한으로 줄이며, 짐의 갯수도 줄이도록 합니다. 그리고 귀국에 필요한 서류들은 다시 한번 확인하고 따로 작은 가방에 넣습니다.

ⓐ **예약 재확인** : 귀국날짜가 정해지면 미리 항공편 좌석을 예약해야 하며, 예약을 이미 해두었을 경우는 출발 예정시간의 72시간 전에 재확인을 해야 합니다. 항공사에 전화해 이름, 편명, 행선지를 말하고 자신의 연락 전화번호를 남기면 됩니다. 성수기 때에는 자칫 재확인을 안해 당일날 좌석을 구하지 못하는 일이 종종 있습니다.

빠르게 찾고 쉽게 말하는 여행회화! 여러분의 여행을 보다 즐겁고 편안하게 만들어 드립니다!!

귀국 준비는 이렇게!

ⓑ **하물의 정리** : 출발하기 전에 맡길 짐과 기내에 갖고 들어갈 짐을 나누어 꾸리고 토산품과 현지에서 구입한 물건의 품명과 금액을 리스트에 기재해 둡니다. 물건의 파손이 우려되는 제품은 가급적 직접 운반하는 것이 좋으며, 부피가 클 경우는 짐에 '주의! 파손위험'이라는 스티커를 보딩패스 시에 붙여달라고 요구합니다. 그리고 포르투갈의 경우 그곳에서 구입한 물품에 한하여 공항에서 면세액을 환불받을 수 있으므로 참고하시길 바랍니다.

ⓒ **출국절차** : 최소한 출발 2시간 전까지는 공항에 미리 도착해 체크인을 하십시오. 수하물 검사가 매우 철저하게 진행되기 때문에 상당 시간이 소요됩니다. 기내휴대 수하물 외의 짐은 탁송합니다. 화물은 항공기 탑재 중량을 먼저 주의하여야 하며, 초과 중량에 대해서는 1kg당 운임료를 따로 지불해야 합니다. 적지 않은 비용이기 때문에 반드시 미리 체크해야 합니다.

출국절차는 먼저 자신이 이용할 해당 항공사 데스크로 가서 여권, 출입국카드(입국시에 여권에 붙여놓았던 것), 항공권을 제시하면 계원이 출국 카드를 떼내고 비행기의 탑승권을 줍니다. 탑승권에는 좌석번호는 물론 탑승구 번호와 탑승시간까지 기록되어 있습니다. 항공권에 공항세가 포함되어 있지 않을 경우에는 출국 공항세를 지불해야 하는 곳도 있습니다. 이렇게 탑승절차를 마치고 난 후 다음은 보안검색과 기내휴대 수하물의 **X**선검사를 받습니다. 출국장 안으로 들어가게 되면 먼저 탑승권에 표시된 탑승 게이트로 가서 대기를 하거나 면세품코너를 들러 남은 시간을 보냅니다. 아직 선물을 준비하지 못했다면 이곳에서 사는 것이 좋습니다. 귀국할 때는 인천공항의 면세점을 이용할 수 없기 때문입니다.

12. 귀국 준비!

❷ 한국 도착!

한국에 도착한 후 입국절차는 ⓐ 입국신고서(세관신고서) 작성, ⓑ 검역, ⓒ 입국심사, ⓓ 세관검사의 순으로 진행됩니다. 입국신고서는 미리 준비해 둡니다. (출국신고서 작성시에 준비했던 것) 입국절차는 출국절차의 역순, **Q-I-C**(**Quarantine, Immigration, Customs**)입니다.

ⓐ 검역 : 비행기에서 내리면 맨 먼저 검역 부스가 있습니다. 대부분의 여행객에 대해서는 검사가 없으며, 주로 전염병이 보고된 지역의 여행객이 받습니다.

ⓑ 입국심사 : 내국인이라고 표시된 곳으로 가서 줄을 섭니다. 여권과 입국신고서를 제출하면 계원이 입국 카드를 떼어 내고 여권에 입국 스탬프를 찍어 주면 끝입니다.

ⓒ 세관 : 세관신고는 자진 신고제를 운영하고 있습니다. 세관 검사에 필요한 서류는 여권과 세관신고서입니다. 신고할 물품이 있으면 여기에 기재를 합니다만, 면세품의 경우는 구두로 신고해도 됩니다. 과세 대상품에 대해서는 세관원이 세액을 산출하여 지불용지를 작성해 줍니다. 지불할 돈이 모자라거나 없을 땐 일단 과세 대상품을 세관에 예치하고 나중에 찾아가도록 합니다. 현재 술, 담배, 향수 이외의 물건은 해외 취득 가격 합계 400달러까지 면세됩니다. 특별히 신고할 물건이 없으면 녹색심사대를 통해 우선 통과가 가능하지만 만약 미기재된 물품이나 신고한 금액을 초과한 물품에 대해서는 별도의 관세가 부과되며, 반입금지 물품(마약류, 총기류 등)에 대해서는 형사처벌을 받게 됩니다. 그리고 남의 짐을 잠시 맡아 주는 등의 도움이 자칫 밀수, 불법반입으로 악용되는 경우가 있기 때문에 특히 주의가 필요합니다.

● 귀국절차!

❶ 예약을 재확인하고 싶습니다.

❷ 바리그 카운터는 어디입니까?

❸ 이 짐들을 바리그 카운터로 옮겨주십시오.

❹ 초과요금은 얼마입니까?

❺ 탑승시간은 언제입니까?

❻ 바리그 210편은 예정대로 출발합니까?

❼ 얼마나 지연됩니까?

12. 귀국 준비!

❶ Gostaria de reconfirmar a reserva do vôo.
고스따리-아 지 헤꽁피르마-르 아 헤제-르바 두 보우

❷ Onde é o balcão da VARIG?
옹-지 에 우 바우꺼-웅 다 바리기

❸ Pode levar esta bagagem ao balcão da VARIG, por favor?
뽀-지 레바-르 에-스따 바가-젱 아우 바우꺼-웅 다 바리기 뽀르 파보-르

❹ Quanto devo pagar pelo excesso de bagagem?
꽝-뚜 데-부 빠가-르 뻴-루 이쎄-쑤 지 바가-젱

❺ Qual é o horário de embarque?
꽈우 에 우 오라-리우 지 잉바-르끼

❻ O vôo da VARIG 210 sairá na hora certa?
우 보우 다 바리기 도이스 웅 제루 싸이라- 나 오-라 쎄-르따

❼ Quanto tempo será adiado?
꽝-뚜 뗑-뿌 쎄라- 아지아-두

Business

특별부록
비지니스 브라질어회화!

기본 회화에서 계약 성공까지!
비지니스 브라질어 회화!

Business Portugase

해외 출장을 떠나시는 독자 여러분들을 위한 필수 비지니스 브라질(포르투갈)어회화를 특별히 부록편으로 모아 정리했습니다. 간단한 인사말에서부터 상담, 계약, 주문에 이르기까지 꼭 필요한 필수 문장들을 중심으로 소개해 드립니다. 독자 여러분의 '성공 비지니스'를 기원합니다!

비지니스의 시작!

 ❶ 브라질인의 상관습!

● 브라질에서는 스페인어가 아주 특별한 경우에 쓰이기도 하지만, 비즈니스시에 스페인어를 사용하면 스페인어가 자국 언어보다 우월하다는 인상을 줄 수 있으므로 가급적이면 포르투갈어를 사용하는 것이 좋습니다.

● 시간 약속을 잡을 때에는 2주전 쯤에 하며, 보통은 오

기본 회화에서 계약 성공까지!
비지니스 회화!

전은 10시 경에, 오후는 3시 경에 하는 것이 일반적입니다. 그리고 상담 전 10~15분 정도 기다리는 것은 의례적인 것으로 간주하므로 인내심을 가지고 기다리도록 합니다. 반면에 대도시의 비즈니스맨들은 시간엄수로 상대방을 평가하기도 하므로 유의하도록 합니다.

● 브라질 사람들의 특징 중에 하나가 NO라는 표현을 잘 하지 않는다는 것이므로, 상담, 계약시 오해가 발생하지 않도록 주의합니다.

● 브라질 사람들은 형식을 갖춰서 인사하는 것이 습관화되어 있지 않고, 옷차림만으로는 직원과 오너를 구별하기 어려우므로 참석한 모든 사람과 각각 인사를 나누도록 합니다.

● 사람과의 관계에서 인맥과 서로 신뢰할 수 있는 지를 매우 중요시 생각하므로 상대방에게 믿음과 신의를 보여줄 수 있도록 노력해야 합니다.

❷ 포르투갈인의 상관습!

● 포르투갈 사람들은 예의와 형식을 중요시합니다. 따라서 언어 사용면에 있어서 예의를 갖춘 정중한 언어를 사용하는 것이 좋으며, 전화나 E-mail보다는 문서 형식

특별 부록 비지니스 회화!

비지니스의 시작!

으로 그들과 접하는 것이 더 바람직합니다.

● 포르투갈 사람들은 그들 특유의 여유로운 업무 관행으로 인해 거래시 상당한 시간이 필요합니다. 여유와 끈기를 가지고 기다리도록 하며, 어느 정도 시간이 지난 후에는 팩스나 직접 방문 등으로 그들과 계속적인 접촉을 시도해야 합니다.

● 가족 단위의 생활을 중요하게 생각하므로 약속을 잡을 때에 저녁 시간대는 피하는 것이 좋으며, 7~9월의 휴가 기간에는 제대로 업무가 이루어지지 않음도 기억해 두십시오.

● 포르투갈 바이어와 상담할 때에는 스페인어를 사용해서는 안됩니다. 그 이유는 포르투갈이 한 때 스페인의 지배를 받은 적이 있기 때문인데, 따라서 상담이나 계약시, 또는 제품 포장 등에 스페인어를 사용하지 않는 것이 좋겠습니다.

● 포르투갈이나 중남미의 나라에서는 대학을 나온 사람이거나 점잖은 사람에게 그냥 박사라고 부르거나, 이공계 출신인 사람에게는 기술자라는 뜻의 엔지니어나 건축가라는 뜻의 아키텍토라는 칭호를 자연스럽게 붙여 주는 경우가 많습니다. 따라서 Mr, Ms보다는 이러한 호칭을 사용해 주는 것이 좋겠습니다.

● 포르투갈 수입체들의 상당수가 좀 더 유리한 거래 조건을 이끌어 내기 위해 간혹 과장된 거래 제의를 하는 경우가 있으므로 주의하도록 하며, 외상 거래시에는 사전에 철저히 신용조사를 하도록 합니다.

기본 회화에서 계약 성공까지!
비지니스 회화!

❶ 대표이사님과 약속하고 왔습니다.

❷ 그와 상의할 문제가 좀 있어서요.

❸ 시간이 되시는 지 알아보겠습니다.

❹ 그는 오늘 쉬는 날입니다.

❺ Paulo 씨는 지금 회의 중입니다.

❻ 제가 기다리시게 해서 미안합니다.

❼ 오늘 오후 내 사무실로 와주시겠습니까?

특별 부록 비지니스 회화!

❶ 방문객을 맞을 때!

❶ Tenho um compromisso com o presidente.
뗑-유 웅 꽁쁘로미-쑤 꽁 우 쁘레지뎅-찌

❷ Tenho um assunto para tratar com ele.
뗑-유 웅 아쑹-뚜 빠-라 뜨라따-르 꽁 엘-리

❸ Deixe-me ver se ele está disponível.
데-이쉬 미 베르 씨 엘-리 이스따 지스뽀니-베우

❹ Hoje ele está de folga.
오-쥐 엘-리 이스따- 지 포-우가

❺ O senhor Paulo está em reunião agora.
우 씽요-르 빠-울루 이스따- 잉 헤우니어-웅 아고-라

❻ Desculpe a demora.
지스꾸-우삐 아 데모-라

❼ Pode me visitar no meu escritório hoje à tarde?
뽀-지 미 비지따-르 누 메우 이스끄리또-리우 오-쥐 아 따-르지

비지니스 회화, 기본에서 계약의 성공까지! 여러분의 출장을 확실하게 도와드립니다!

기본 회화에서 계약 성공까지!
비지니스 회화!

❶ 우리 회사에 오신 것을 환영합니다.

❷ 환영해주셔서 감사합니다.

❸ 저는 SMC의 사장, 김민수입니다.

❹ 저는 판매부를 맡고 있습니다.

❺ 제 명함입니다.

❻ 사업 근황이 어떻습니까?

❼ 그저 그래요.

앗! 단어장!

bem-vindo(벵 빙-두) : 환영합니다
a companhia(아 꽁빠니-아) : 회사
caloroso(깔로로-주) : 따뜻한, 열렬한

특별 부록 비지니스 회화!

비지니스

❷ 인사할 때!

❶ Bem-vindo à nossa companhia.
벵 빙-두 아 노-싸 꽁빠니-아

❷ Obrigado por me receber muito bem.
오브리가-두 뽀르 미 헤쎄베-르 무-이뚜 벵

❸ Sou Minsu Kim, o presidente da SMC.
쏘우 민수 김 우 쁘레지뎅-찌 다 에씨 에미 쎄

❹ Sou o diretor de vendas.
쏘우 우 지레또-르 지 벵-다스

❺ Aqui está o meu cartão de visita.
아끼- 이스따- 우 메우 까르떠-웅 지 비지-따

❻ Como vai o seu negócio?
꼬-무 바이 우 쎄우 네고-씨우

❼ Não muito bem.
너웅 무-이뚜 벵

앗! 단어장!

a venda(아 벵-다) : 판매

o departamento(우 데빠르따멩-뚜) : 부서

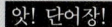

비지니스 회화, 기본에서 계약의 성공까지! 여러분의 출장을 확실하게 도와드립니다!

기본 회화에서 계약 성공까지!
비지니스 회화!

❶ 저희 회사는 2000년에 설립되었습니다.

❷ 지점은 몇 개나 됩니까?

❸ 우리는 서울에 13개의 대리점을 가지고 있습니다.

❹ 귀사의 사업 계획은 무엇입니까?

❺ 주요상품들은 무엇입니까?

❻ 국제인증을 가지고 있습니까?

❼ 귀사의 마케팅 전략은 무엇입니까?

특별 부록 비지니스 회화!

비지니스

❸ 회사를 소개할 때!

❶ A nossa empresa foi fundada em 2000.
아 노-싸 잉쁘레-자 포이 풍다-다 잉 도이스 미우

❷ Quantas filiais possui?
꽝-따스 필리아-이스 뽀쑤-이

❸ Temos 13 filiais em Seul.
떼-무스 뜨레-지 필리아-이스 잉 쎄우-우

❹ Qual é o plano para o futuro da sua empresa?
꽈우 에 우 쁠라-누 빠-라 우 푸뚜-루 다 쑤아 잉쁘레-자

❺ Quais são os principais produtos?
꽈이스 써웅 우스 쁘링씨빠-이스 쁘로두-뚜스

❻ A sua companhia tem ISO?
아 쑤아 꽁빠니-아 뗑 이 에씨 오

❼ Quais são as estratégias de marketing da sua companhia?
꽈이스 써웅 아즈 이스뜨라떼-쥐아스 지 마-께쩡기 다 쑤아 꽁빠니-아

비지니스 회화. 기본에서 계약의 성공까지! 여러분의 출장을 확실하게 도와드립니다!

기본 회화에서 계약 성공까지!
비지니스 회화!

❶ 교환번호 301번 대주시겠어요?

❷ 그에게 연결시켜드리겠습니다.

❸ 그는 지금 자리에 안 계신데요.

❹ 5분 후에 다시 전화해 주시겠어요?

❺ Mario 씨와 어떻게 연락할 수 있을까요?

❻ 011-321-7654으로 연락 할 수 있으십니다.

특별 부록 비지니스 회화!

비지니스

❹ 전화 통화시에!

❶ Pode me passar para o ramal 301, por favor?
뽀-지 미 빠싸-르 빠-라 우 하마-우
뜨레젱-뚜스 이 웅 뽀르 파보-르

❷ Vou passar a sua ligação para ele.
보우 빠싸-르 아 쑤아 리가써-웅 빠-라 엘-리

❸ Ele não está no momento.
엘-리 너웅 이스따- 누 모멩-뚜

❹ Poderia ligar de novo daqui a 5 minutos?
뽀데리-아 리가-르 지 노부 다끼- 아 씽-꾸 미누-뚜스

❺ Como posso entrar em contato com o senhor Mário?
꼬-무 뽀-쑤 잉뜨라-르 잉 꽁따-뚜 꽁 우 씽요-르 마-리우

❻ Pode falar com ele se ligar para o número 011-321-7654.
뽀-지 팔라-르 꽁 엘-리 씨 리가-르 빠-라 우
누-메루 제-루 옹-지 뜨레스 도이즈 웅 쎄-찌
메이아 씽-꾸 꽈-뜨루

비지니스 회화, 기본에서 계약의 성공까지! 여러분의 출장을 확실하게 도와드립니다!

기본 회화에서 계약 성공까지!
비지니스 회화!

❶ 귀사의 신제품을 보여주실 수 있습니까?

❷ 제품의 질에는 자신 있습니다.

❸ 얼마동안 품질 보증이 됩니까?

❹ 단위당 가격은 얼마입니까?

❺ 가격은 수량에 따라 달라집니다.

❻ 이것이 최저가격인가요?

❼ 지불조건은 어떻게 됩니까?

특별 부록 비지니스 회화!

비지니스

❺ 상담할 때!

❶ Pode me mostrar o novo produto da sua empresa?
뽀-지 미 모스뜨라-르 우 노-부 쁘로두-뚜 다 쑤아 잉쁘레-자

❷ Temos confiança na qualidade do produto.
떼무스 꽁피앙-싸 나 꽐리다-지 두 쁘로두-뚜

❸ Qual é o prazo da garantia?
꽈우 에 우 쁘라-주 다 가랑찌-아

❹ Quanto é o preço por unidade?
꽝-뚜 에 우 쁘레-쑤 뽀르 우니다-지

❺ O preço depende da quantidade.
우 쁘레-쑤 데뻰-지 다 꽝찌다-지

❻ Este é o preço mínimo?
에-스찌 에 우 쁘레-쑤 미-니무

❼ Qual é a condição de pagamento?
꽈우 에 아 꽁지써-웅 지 빠가멩-뚜

비지니스 회화, 기본에서 계약의 성공까지! 여러분의 출장을 확실하게 도와드립니다!

기본 회화에서 계약 성공까지!
비지니스 회화!

❶ 그 제품의 재고가 있습니까?

❷ 귀사의 제품을 주문하고 싶습니다.

❸ 얼마나 주문하실 겁니까?

❹ 주문을 변경하고 싶습니다.

❺ 계약서를 작성합시다.

❻ 계약서 받으셨나요?

❼ 네, 계약서가 오늘 아침 일찍 도착했습니다.

특별 부록 비지니스 회화!

❻ 계약, 주문을 할 때!

❶ Têm o produto no estoque?
뗑 우 쁘로두-뚜 누 이스또-끼

❷ Gostaria de encomendar produtos da sua empresa.
고스따리-아 지 잉꼬멩다-르 쁘로두-뚜스 다 쑤아 잉쁘레-자

❸ Quanto vai encomendar?
꽝-뚜 바이 잉꼬멩다-르

❹ Queria mudar o meu pedido.
께리-아 무다-르 우 메우 뻬지-두

❺ Vamos fazer o contrato.
바모스 파제-르 우 꽁뜨라-뚜

❻ Recebeu o contrato?
헤쎄베-우 우 꽁뜨라-뚜

❼ Sim, o contrato chegou hoje de manhã cedo.
씽 우 꽁뜨라-뚜 쉐고-우 오-쥐 지 망양- 쎄-두

비지니스 회화. 기본에서 계약의 성공까지! 여러분의 출장을 확실하게 도와드립니다!

부록 : 필수 단어 사전!

꼭! 꼭! 꼭! 필요한 단어들을 내용별로 정리한 사전입니다!

● 숫자 Numbers

1	um/uma	웅/우-마
2	dois/duas	도이스/두아스
3	três	뜨레스
4	quatro	꽈-뜨루
5	cinco	씽-꾸
6	seis	쎄이스
7	sete	쎄-찌
8	oito	오-이뚜
9	nove	노-비
10	dez	데스
11	onze	옹-지
12	doze	도-지

부록 필수 단어 사전!

● 숫자 Numbers

13	treze	뜨레-지
14	quatorze	꽈또-르지
15	quinze	낑-지
16	dezesseis	데제쎄-이스
17	dezessete	데제쎄-찌
18	dezoito	데조-이뚜
19	dezenove	데제노-비
20	vinte	빙-찌
21	vinte e um	빙-찌 이 웅
22	vinte e dois	빙-찌 이 도이스
30	trinta	뜨링-따
40	quarenta	꽈렝-따
50	cinquenta	씽깽-따
60	sessenta	쎄깽-따
70	setenta	쎄뗑-따
80	oitenta	오이뗑-따
90	noventa	노벵-따
100	cem	쌩
101	cento e um	쌩-뚜 이 웅
102	cento e dois	쌩-뚜 이 도이스
200	duzentos	두젱-뚜스
300	trezentos	뜨레젱-뚜스
400	quatrocentos	꽈뜨루쌩-뚜스
500	quinhentos	낑엥-뚜스

꼭! 꼭! 꼭! 필요한 단어들을 내용별로 정리한 사전입니다!

Basic Portugue Dictionary

● 숫자 Numbers

600	seiscentos	쎄이쎙-뚜스
700	setecentos	쎄찌쎙-뚜스
800	oitocentos	오이뚜쎙-뚜스
900	novecentos	노비쎙-뚜스
1.000	mil	미우
10.000	dez mil	데스 미우
100.000	cem mil	쎙 미우
1.000.000	um milhão	웅 밀여-웅
첫번째	primeiro	쁘리메-이루
두번째	segundo	쎄궁-두
세번째	terceiro	떼르쎄-이루
네번째	quarto	꽈-르뚜
다섯번째	quinto	낑-뚜
여섯번째	sexto	쎄-스뚜
일곱번째	sétimo	쎄-찌무
여덟번째	oitavo	오이따-부
아홉번째	novo	노-누
열번째	décimo	데-씨무
두배	o dobro	우 도-브루
세배	o triplo	우 뜨리-쁠루
한번	uma vez	우-마 베스
두번	duas vezes	두아스 베-지스

부록 필수 단어 사전!

단어사전

● 시간 time

1시간	uma hora	우-마 오-라
2시간	duas horas	두아즈 오-라스
30분	trinta minutos/ meia hora	뜨링-따 미누-뚜스/메이아 오-라
10분	dez minutos	데스 미누-뚜스
6초	6 segundos	쎄이스 쎄궁-두스
오전 5시반	5 horas e meia da manhã	씽-꾸 오-라즈 이 메이아 다 망양-
오후 1시 20분	1 hora e vinte da tarde	우-마 오-라 이 빙-찌 다 따-르지

● 날짜 Day

오전	a manhã	아 망양-
정오	o meio-dia	우 메이우-지아
오후	a tarde	아 따-르지
밤	a noite	아 노-이찌
오늘	hoje	오-쥐
오늘 아침	hoje de manhã	오-쥐 지 망양-
오늘 오후	hoje à tarde	오-쥐 아 따-르지
오늘 오후	hoje de tarde	오-쥐 지 따-르지
오늘 밤	hoje à noite	오-쥐 아 노-이찌
오늘 밤	hoje de noite	오-쥐 지 노-이찌

꼭! 꼭! 꼭! 필요한 단어들을 내용별로 정리한 사전입니다!

● 날짜 Day

내일	**amanhã**	아망양-
내일 오전	**amanhã de manhã**	아망양- 지 망양-
내일 오후	**amanhã à tarde**	아망양- 아 따-르지
내일 오후	**amanhã de tarde**	아망양- 지 따-르지
내일 밤	**amanhã à noite**	아망양- 아 노-이찌
내일 밤	**amanhã de noite**	아망양- 지 따-르지
모레	**depois de amanhã**	데뽀-이스 지 아망양-
어제	**anteontem**	앙찌옹-뗑

● 계절 Seasons

봄	**a primavera**	아 쁘리마베-라
여름	**o verão**	우 베러-웅
가을	**o outono**	우 오우또-누
겨울	**o inverno**	우 잉베-르누

부록 필수 단어 사전!

● 주 Week

일요일	**o domingo**	우 도밍-구
월요일	**a segunda-feira**	아 쎄궁-다 페-이라
화요일	**a terça-feira**	아 떼-르싸 페-이라
수요일	**a quarta-feira**	아 꽈-르따 페-이라
목요일	**a quinta-feira**	아 낑-따 페-이라
금요일	**a sexta-feira**	아 쎄-스따 페-이라
토요일	**o sábado**	우 싸-바두

● 월 Months

1월	**janeiro**	쟈네-이루
2월	**fevereiro**	페베레-이루
3월	**março**	마-르쑤
4월	**abril**	아브리-우

꼭! 꼭! 꼭! 필요한 단어들을 내용별로 정리한 사전입니다!

● 월 Months

5월	maio	마-이우
6월	junho	중-유
7월	julho	줄-유
8월	agosto	아고-스뚜
9월	setembro	쎄뗑-브루
10월	outubro	오우뚜-브루
11월	novembro	노벵-브루
12월	dezembro	데젱-브루
이번달	este mês	에-스찌 메스
다음달	o próximo mês	우 쁘로-씨무 메스
지난달	o mês passado	우 메스 빠싸-두

● 가족 Family

남자	o homem	우 오-멩
여자	a mulher	아 물예-르
소년	o menino	우 메니-누

부록 필수 단어 사전!

● 가족 Family

한국어	Português	발음
소녀	a menina	아 메니-나
아기	o bebê	우 베베-
어린이	a criança	아 끄리앙-싸
아버지	o pai	우 빠이
어머니	a mãe	아 망이
부모	os pais	우스 빠이스
남편	o marido	우 마리두
아내	a esposa	아 이스뽀-자
형제	o irmão	우 이르머-웅
자매	a irmã	아 이르멍-
약혼자	o noivo	우 노-이부
약혼녀	a noiva	아 노-이바
친구(남자)	o amigo	우 아미-구
친구(여자)	a amiga	아 아미-가
아들	o filho	우 필-유
딸	a filha	아 필-야
조카(남)	o sobrinho	우 쏘브링-유
조카(여)	a sobrinha	아 쏘브링-야
아저씨	o tio	우 찌우
아주머니	a tia	아 찌아

꼭! 꼭! 꼭! 필요한 단어들을 내용별로 정리한 사전입니다!

● 언어와 국민

People / Language

한국어/한국인	**o coreano-coreano/coreana**	우 꼬레아-누/꼬레아-누/꼬레아-나
영어/영국인	**o inglês-inglês/inglesa**	우 잉글레-스/잉글레-스/잉글레-자
미국인	**americano/americana**	아메리까-누/아메리까-나
일본어/일본인	**o japonês-japonês/japonesa**	우 쟈뽀네-스/쟈뽀네-스/쟈뽀네-자
중국어/중국인	**o chinês-chinês/chinesa**	우 쉬네-스/쉬네-스/쉬네-자
불어/프랑스인	**o francês-francês/francesa**	우 프랑쎄-스/프랑쎄-스/프랑쎄-자
스페인어/스페인인	**o espanhol-espanhol/espanhola**	우 이스빵요-우/이스빵요-우/이스빠욜-라
독일어/독일인	**o alemão-alemão/alemã**	우 알레머-웅/알레머-웅/알레멍
이탈리아어/이태리인	**o italiano-italiano/italiana**	우 이딸리아-누/이딸리아누/이딸리아나

● 국가명 Nation

한국	**a Coréia**	아 꼬레-이아

부록 필수 단어 사전!

● 국가명 Nation

한국어	포르투갈어	발음
미국	os Estados Unidos	우즈 이스따-두즈 우니-두스
영국	a Inglaterra	아 잉글라떼-하
일본	o Japão	우 쟈뻬-웅
중국	a China	아 쉬-나
프랑스	a França	아 프랑-싸
스페인	a Espanha	아 이스빵-야
독일	a Alemanha	아 알레망-야
이탈리아	a Itália	아 이딸-리아
태국	a Tailândia	아 따일랑-지아
인도네시아	a Indonêsia	아 잉도네-지아

꼭! 꼭! 꼭! 필요한 단어들을 내용별로 정리한 사전입니다!

Step by step!

1 목적지 공항도착!
목적지 공항에 도착하면 짐을 잘 챙겨서 내립니다. 입국심사 서는 미리 준비하세요!

Step 1

2 도착 출구통과!
'Arrival' 이라고 쓰여 있는 출구를 찾아 통과합니다.

Step 2

✚ 잠깐만요!
여권! 입국심사서! 항공권! 수하물표!를 잘 챙겨서 나가십시오!